HOW TO

新일본어
능력시험

N2

문자·어휘편

HOW TO 일본어능력시험 N2 문자어휘편

지은이 김선주 · 임명숙
펴낸이 안용백
펴낸곳 (주)도서출판 넥서스

초판 1쇄 발행 2010년 10월 15일
초판 2쇄 발행 2010년 10월 20일

출판신고 1992년 4월 3일 제311-2002-2호
121-840 서울시 마포구 서교동 394-2
Tel (02)330-5500 Fax (02)330-5555

ISBN 978-89-6000-966-0 18730
        978-89-6000-965-3 18730(세트)

가격은 뒤표지에 있습니다.
잘못 만들어진 책은 구입처에서 바꾸어 드립니다.

www.nexusbook.com
넥서스Japanese는 (주)도서출판 넥서스의 일본어 전문 브랜드입니다.

HOW TO

新 일본어
능력시험

김선주 · 임명숙 지음

문자·어휘편

N2

넥서스JAPANESE

머리말

이 책은 2010년부터 개정 실시되는 〈일본어 능력시험〉 유형에 맞춰 1교시 언어지식 중 한자와 어휘 부분을 시험 형식에 맞게 구성하였습니다.

「Part 1」과 「Part 2」는 한자 읽기와 표기 문제로 청·탁음, 장·단음의 구별, 독음 방법이 여러 개인 한자, 그리고 모양이 헷갈리는 한자를 구별하는 문제 등이 출제됩니다. 이에 이 책에서는 기출 한자의 경향 분석과 목록을 정리하고 이를 바탕으로 반드시 익혀야 할 실전 한자 목록을 출제 유형별로 실었으며 실전 예상 문제를 통해 실력을 키울 수 있도록 했습니다.

「Part 3」의 어형성 문제는 개정된 시험에서 새로 마련된 파트로, 접두어와 접미어, 그리고 복합어의 지식을 묻습니다. 신설된 파트다 보니 어떤 자료로 공부를 해야 할지 망설이는 학습자가 많을 것으로 생각됩니다. 그래서 한자 접두어·접미어 중 사용 빈도가 높고 학습자가 생각하지 못했던 것 가운데 사용상 정확한 지식을 요하는 어휘를 중심으로 목록화했으며, N2 수준에서 꼭 익혀야 할 고유어의 파생어와 복합어도 유형별로 정리하였습니다.

「Part 4, 5, 6」은 각각 해당 어휘의 정확한 지식과 활용능력을 묻는 문제가 출제되기 때문에 단어 하나의 의미만을 외우는 것이 아닌 어떤 문장 안에서 또는 어떤 상황에서 쓰이고 있는지를 이해하는 학습이 필요합니다. N2 시험은 기존 2급 시험과 난이도가 비슷하기 때문에 학습한 후에 기출 어휘를 참고하면 자신의 학습 단계를 이해하는 데 도움이 될 것입니다. 한자 부분과 마찬가지로 기출 어휘와 실전 어휘를 품사별로 실었습니다.

교재를 구성하는 동안 필자가 현장에서 만난 학습자들의 합격에 대한 절박함과 학습 방법에 대한 고민, 교재에 관한 소중한 조언이 밑바탕이 되어 주었습니다. 이에 부응하고자 단기간에 효율적으로 공부하여 합격과 직결될 수 있는 핵심 내용만을 싣고자 노력했습니다. 본 교재로 공부하는 학습자에게 단 한 번의 도전으로 합격의 영광이 있을 것으로 믿으며 수업 자료 준비에 여념이 없는 선생님들께도 도움이 되기를 기대합니다.

저자 김선주, 임영숙

차례

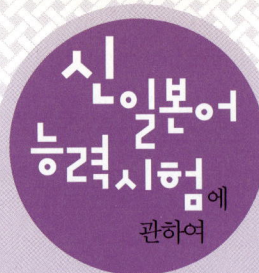
신일본어
능력시험에
관하여

1. 시험 대상, 주최, 시기

- **대상** 원칙적으로 일본어를 모국어로 하지 않는 사람을 대상으로 한다.
- **주최** 国際交流基金、日本国際教育支援協会(http://www.jlpt.or.kr) 참고
- **실시 시기** 연 2회 (매년 7월 첫째 일요일, 12월 첫째 일요일)

2. 언어 커뮤니케이션 능력을 측정한다.

新시험에서는 문자/어휘/문법과 같은 언어 지식과, 이러한 언어 지식을 이용한 읽기와 듣기를 통해 과제 수행을 위한 언어 커뮤니케이션 능력을 측정한다.

新시험에서는 '과제 수행을 위한 언어 커뮤니케이션 능력'을 아래와 같이 '언어 지식', '독해', '청해'의 세 가지로 나누어 측정한다.

언어 지식	과제 수행에 필요한 일본어 문자/어휘나 문법에 관한 지식
독해	언어 지식을 이용하면서 문자 텍스트를 이해하여 과제를 수행하는 능력
청해	언어 지식을 이용하면서 음성 텍스트를 이해하여 과제를 수행하는 능력

*해답은 다지 선택(객관식)에 의한 마크시트 방식(OMR카드)으로 시행한다. 직접 말하거나 쓰는 능력을 측정하는 시험 과목은 없다.

3. 5단계 레벨

新시험에서는 레벨을 기존 4단계(1급, 2급, 3급, 4급)에서 5단계(N1, N2, N3, N4, N5)로 늘렸다. 크게 달라진 점은 현행 시험의 2급과 3급 사이에 N3 레벨을 새롭게 만든 것이다.

〈新일본어능력시험(2010년부터 시행)〉

레벨	개정 인정 기준		개정전 인정 기준
N1	기존 1급보다 조금 어려운 수준. 합격 라인은 기존 시험과 거의 동일함	1급	고도의 문법 · 한자(약 2,000자) · 어휘(약 10,000어)를 습득하여, 사회 생활이 가능한 수준. 대학에서 학습 · 연구가 가능한 종합적인 일본어 능력(약 900시간 학습한 레벨)
N2	기존 2급 수준	2급	다소 수준 있는 문법 · 한자(약 1,000자) · 어휘(약 6,000어)를 습득하여 일반적인 회화가 가능하며 읽고 쓸 수 있는 능력(약 600시간 학습하고 중급 일본어 코스를 마친 레벨)
N3	기존 2급과 3급의 사이 수준 (신설 급수)		
N4	기존 3급	3급	기본적인 문법 · 한자(약 300자 정도) · 어휘 (약 1,500어 정도)를 습득하여 일상적인 회화가 가능하며 간단한 문장을 읽고 쓸 수 있는 능력(약 300시간 학습하고 초급 일본어 코스를 마친 레벨)
N5	기존 4급	4급	초보적인 문법 · 한자(약 100자 정도) · 어휘(약 800어)를 습득하여, 일상적인 회화가 가능하며 간단한 문장을 읽고 쓸 수 있는 능력(약 150시간 학습하고 초급 일본어 코스를 마친 레벨)

*N은 NIHONGO, NEW를 뜻함

4. 검정의 목표

레벨	검정 목표
N1	다양한 상황에서 사용하는 일본어를 이해할 수 있다. **読む** ● 폭넓은 화제에 관해 쓴 신문 논설, 평론 등 논리적이고 약간 복잡한 문장이나 추상적인 문장을 읽고, 문장의 구성이나 내용을 이해할 수 있다. ● 내용이 다양한 화제로 이루어져 있으며 깊이가 있는 글을 읽고, 이야기 흐름이나 표현 의도를 이해할 수 있다. **聞く** ● 폭넓은 상황에서 쓸 수 있는 회화나 뉴스, 강의를 자연스러운 속도로 듣고, 이야기의 흐름이나 내용, 등장인물의 관계나 내용의 논리 구성 등을 상세하게 이해하거나, 요지를 파악할 수 있다.
N2	일상생활에서 사용하는 일본어를 이해하며, 추가적으로 보다 폭넓은 상황에서 쓰이는 일본어를 어느 정도 이해할 수 있다. **読む** ● 폭넓은 화제에 관해 쓴 신문이나 잡지 기사·해설, 평이한 평론 등, 논지가 명쾌한 문장을 읽고 문장의 내용을 이해할 수 있다. ● 일반적인 화제에 관한 글을 읽고, 이야기의 흐름이나 표현 의도를 이해할 수 있다. **聞く** ● 일상적인 상황에 폭넓은 상황까지 더해, 거의 자연스러운 속도로 회화나 뉴스를 듣고, 이야기의 흐름이나 내용, 등장인물의 관계를 이해하거나 요지를 파악할 수 있다.
N3	일상적인 장면에서 쓰는 일본어를 어느 정도 이해할 수 있다. **読む** ● 일상적인 화제에 관해 쓴 구체적인 내용을 나타낸 문장을 읽고 이해할 수 있다. ● 신문의 표제 등에서 정보의 개요를 파악할 수 있다. ● 일상에 자주 등장하는 범위 안에서 난이도가 조금 높은 문장이라면, 바꿔 말할 수 있는 표현이 주어졌을 때 요지를 이해할 수 있다. **聞く** ● 일상적인 상황에서, 조금 자연스러운 속도의 회화를 듣고 이야기의 구체적인 내용을 등장인물의 관계 등에 맞춰서 거의 이해할 수 있다.
N4	기본적인 일본어를 이해할 수 있다. **読む** ● 일상생활 속에서 기본적인 어휘나 한자로 쓴 친숙한 화제의 문장을 읽고 이해할 수 있다. **聞く** ● 일상적인 상황에서 조금 천천히 말하는 회화라면 내용을 거의 이해할 수 있다.
N5	기본적인 일본어를 어느 정도 이해할 수 있다. **読む** ● 히라가나와 가타카나, 일상생활에서 쓰는 기본적인 한자로 쓴 정형적인 어구나 글, 문장을 읽고 이해할 수 있다. **聞く** ● 교실이나 신변 등, 일상생활 중에서도 자주 만나는 장면에서 천천히 이야기하는 짧은 회화라면 알아들을 수 있다.

5. 시험 과목과 득점 범위

레벨	시험 과목		시험시간	득점 범위
N1	1교시	언어 지식(문자·어휘, 문법)	110분	0~60점
		독해		0~60점
	2교시	청해	60분	0~60점
	누계		**170분**	**0~180점**
N2	1교시	언어 지식(문자·어휘, 문법)	105분	0~60점
		독해		0~60점
	2교시	청해	50분	0~60점
	누계		**155분**	**0~180점**
N3	1교시	언어 지식(문자·어휘)	30분	0~60점
	2교시	언어 지식(문법), 독해	70분	0~60점
	3교시	청해	40분	0~60점
	누계		**140분**	**0~180점**
N4	1교시	언어 지식(문자·어휘)	30분	0~120점
	2교시	언어 지식(문법), 독해	60분	
	3교시	청해	35분	0~60점
	누계		**125분**	**0~180점**
N5	1교시	언어 지식(문자·어휘)	25분	0~120점
	2교시	언어 지식(문법), 독해	50분	
	3교시	청해	30분	0~60점
	누계		**105분**	**0~180점**

* N1, N2, N3에서는 〈언어 지식(문자, 어휘, 문법)〉, 〈독해〉, 〈청해〉의 득점 범위는 각각 0~60점으로, 세 개를 합한 종합 득점의 범위는 0~180점이다. 〈언어 지식(문자, 어휘, 문법)〉, 〈독해〉, 〈청해〉가 종합 득점에서 차지하는 비율은 1 : 1 : 1이다.

* N4, N5에서는 〈언어 지식(문자, 어휘, 문법), 독해〉의 득점 범위는 0~120점, 〈청해〉의 득점 범위는 0~60점으로, 두 개를 합한 종합 득점의 범위는 0~180점이다. 〈언어 지식(문자, 어휘, 문법), 독해〉와 〈청해〉의 종합 득점에서 차지하는 비율은 2 : 1이 된다. 즉, 〈언어 지식(문자, 어휘, 문법) , 독해〉의 득점은 〈언어 지식(문자, 어휘, 문법)〉과 〈독해〉로 나눌 수 없다.

6. N2 시험 내용 분석

시험 과목 (시험 시간)	영역	문제의 구성				
		소구분			문제 수	
언어지식 · 독해 (105분)	**문자 · 어휘**	1	한자 읽기	◇	5	한자로 쓰인 단어의 읽는 방법을 묻는다
		2	표기	◇	5	히라가나로 쓰인 단어를 한자로 어떻게 쓰는지 묻는다
		3	어형성	◇	5	파생어와 복합어의 지식을 묻는다
		4	문맥 규정	○	7	문맥에 따라 뜻이 규정되는 말이 무엇인지를 묻는다
		5	유의어	○	5	출제된 단어나 표현과 의미적으로 가까운 단어나 표현을 묻는다
		6	용법	○	5	출제어가 문장 안에서 어떻게 쓰였는지 묻는다
	문법	7	문의 문법 1 (문법 형식의 판단)	○	12	문장의 내용에 맞는 문법 형식인지 판단할 수 있는가 묻는다
		8	문의 문법 2 (문장의 구성)	◆	5	전체적으로 바르고 의미가 통하는 문장을 구성할 수 있는지를 묻는다
		9	문장의 문법	◆	5	글의 흐름에 맞는 문장인지 판단할 수 있는지 묻는다
	독해	10	내용 이해(단문)	○	5	생활, 업무 등 여러 가지 화제를 포함한 설명문과 지시문 등 200자의 텍스트를 읽고, 내용을 이해할 수 있는지를 묻는다
		11	내용 이해(중문)	○	9	비교적 평이한 내용의 평론, 해설, 에세이 등 500자 정도의 텍스트를 읽고, 인과 관계와 이유, 개요나 필자의 생각 등을 이해할 수 있는지를 묻는다
		12	종합 이해	◆	2	비교적 평이한 내용의 복수의 텍스트(합계 약 600자)를 비교하면서 읽고, 비교, 종합하면서 이해할 수 있는지를 묻는다
		13	주장 이해(장문)	◇	3	논리 전개가 비교적 명쾌한 평론 등 900자 정도의 텍스트를 읽고, 전체적으로 전하려고 하는 주장과 의견을 파악할 수 있는지 묻는다
		14	정보 검색	◆	2	광고, 팸플릿, 정보지, 비즈니스 문서 등의 정보 소재(약 700자) 속에서 필요한 정보를 찾아낼 수 있는지 묻는다
청해(50분)		1	과제 이해	◇	5	텍스트를 듣고 내용을 이해할 수 있는지 어떤지를 묻는다(구체적인 과제 해결에 필요한 정보를 알아듣고, 다음에 무엇을 하는 것이 적당한지 이해할 수 있는가를 묻는다)
		2	포인트 이해	◇	6	텍스트를 듣고 내용을 이해할 수 있는지 어떤지를 묻는다(사전에 제시된 질문이나 상황을 근거로 포인트를 압축해서 들을 수 있는지를 묻는다)
		3	개요 이해	◇	5	텍스트를 듣고 내용을 이해할 수 있는지 어떤지를 묻는다(텍스트 전체에서 화자의 의도와 주장 등을 이해할 수 있는지를 묻는다)
		4	즉시 응답	◆	12	질문 등의 짧은 말을 듣고 적절한 응답을 선택할 수 있는가 묻는다
		5	종합 이해	◇	4	긴 텍스트를 듣고 복수의 정보를 비교, 종합하면서 내용을 이해할 수 있는지 묻는다

◆ 기존 시험에서 출제되지 않았으나 새롭게 추가된 유형
◇ 기존 시험에서도 출제되고 있으나 형식을 부분적으로 바꾼 유형
○ 기존 시험에서도 출제되고 있는 유형

구성 및 특징

1. 각 파트별 다량의 예상 문제를 통해 신 유형 완벽 대비
철저한 유형 분석을 통해 만든 예상 문제는 실전에서 더욱 위력을 발휘한다.

2. 실전과 똑같은 구성의 파이널 모의테스트 3회 제공
마무리 점검을 통해 자신감을 갖고 실전에 대비할 수 있게 하였다.

3. 기출 어휘 완벽 분석 및 실전 예상 한자 및 어휘 완벽 정리
기존에 출제되었던 한자와 어휘의 분석을 통해 실전 예상 한자와 어휘를 알기 쉽게 정리하였다.

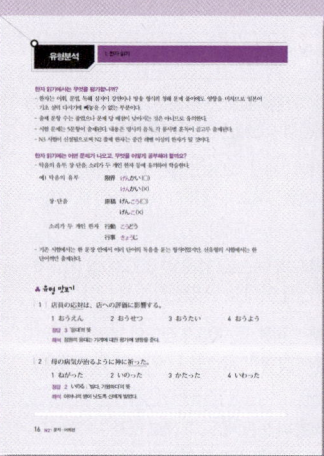

○ **유형 분석 및 유형 맛보기**
각 파트별로 문제 출제 형식과 문제 공략 비법을 소개하고, 예제를 통한 유형 분석을 통해 실전 대비를 할 수 있게 하였다.

○ **기출 한자 및 기출 어휘**
기존에 출제되었던 한자와 어휘를 효율적으로 학습할 수 있도록 품사별, 히라가나순으로 정리하였고, 단어 뜻 옆에 출제 연도를 표시하여 빈도 수도 확인할 수 있게 하였다.

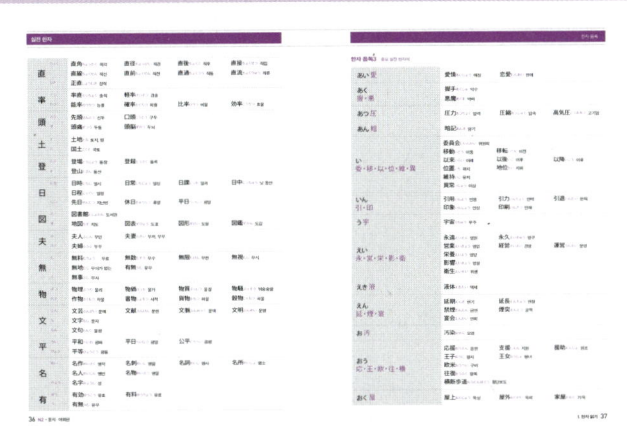

실전 한자 및 실전 어휘

각 파트별로 시험에 꼭 나올만 한 한
자 및 어휘를 기출 문제 분석을 통해
정리하였다.
N2에서 꼭 필요한 한자와 어휘이므로
수시로 암기하고 확인하는 것이 좋다.

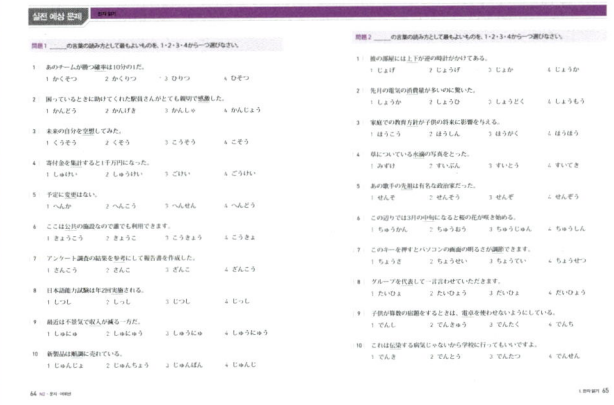

실전 예상 문제

각 파트별로 실전 예상 문제를 집중
적으로 접함으로써, 각 파트의 문제
유형을 파악할 수 있게 하였다.
가능한 한 시간을 정해 놓고 반복해
서 풀어 보는 것이 좋다.

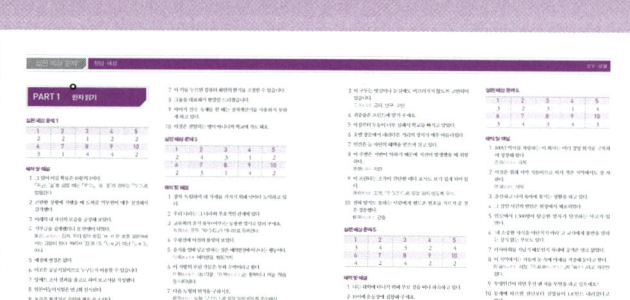

PART 1

한자 읽기

N2

한자 읽기에서는 무엇을 평가합니까?

- 한자는 어휘, 문법, 독해 심지어 강연이나 방송 형식의 청해 문제 풀이에도 영향을 미치므로 일본어 기초 실력 다지기에 빼놓을 수 없는 부분이다.
- 출제 문항 수는 줄었으나 문제 당 배점이 낮아지는 것은 아니므로 유의한다.
- 시험 문제는 5문항이 출제된다. 내용은 명사의 음독, 각 품사별 훈독이 골고루 출제된다.
- N3 시험이 신설됨으로써 N2 출제 한자는 중간 레벨 이상의 한자가 될 것이다.

한자 읽기에는 어떤 문제가 나오고, 무엇을 어떻게 공부해야 할까요?

- 탁음의 유무, 장·단음, 소리가 두 개인 한자 등에 유의하여 학습한다.

예) 탁음의 유무	限界	げんかい(○)
		けんかい(×)
장·단음	原稿	げんこう(○)
		げんこ(×)
소리가 두 개인 한자	行動	こうどう
	行事	きょうじ

- 기존 시험에서는 한 문장 안에서 여러 단어의 독음을 묻는 형식이었지만, 신유형의 시험에서는 한 단어씩만 출제된다.

♣ 유형 맛보기

1. 　店員の応対は、店への評価に影響する。

     1 おうえん   2 おうせつ   3 おうたい   4 おうよう

     정답_ 3 '응대'의 뜻

     해석_ 점원의 응대는 가게에 대한 평가에 영향을 준다.

2. 　母の病気が治るように神に祈った。

     1 ねがった   2 いのった   3 かたった   4 いわった

     정답_ 2 いのる ; '빌다, 기원하다'의 뜻

     해석_ 어머니의 병이 낫도록 신에게 빌었다.

명사

相手ぁいて 상대　94	依頼いらい 의뢰　04	お菓子おかし 과자　91, 05
悪天候あくてんこう 악천후　03	医療いりょう 의료　03	奥おく 안, 속　92
汗ぁせ 땀　92	岩いわ 바위　00	汚染おせん 오염　98
誤りぁやまり 잘못, 실수, 과오　03, 09	祝いいわい 축하　00	お互いおたがい 서로　05
安定ぁんてい 안정　92	印刷いんさつ 인쇄　97, 09	踊りおどり 춤　07
胃い 위　97	飲酒いんしゅ 음주　93	お湯おゆ 뜨거운 물　05
委員会いいんかい 위원회　08	植木うえき 정원수, 화분에 심은 나무　09	温泉おんせん 온천　02
勢いいきおい 기세　09	宇宙うちゅう 우주　98, 09	温暖化おんだんか 온난화　99
異常いじょう 이상　03	腕うで 팔　93, 97	階かい 층　98
泉いずみ 샘, 샘물　09	雨量うりょう 강우량　94	改札口かいさつぐち 개찰구　92, 00
位置いち 위치　98	運送うんそう 운송　09	改善かいぜん 개선　04
一秒いちびょう 1초　08	栄養分えいようぶん 영양분　95	会談かいだん 회담　00
一杯いっぱい 한 잔　05	絵の具えのぐ 그림물감　07	開封かいふう 개봉　91
一般いっぱん 일반　91	延期えんき 연기　92, 02	回復かいふく 회복　91, 04, 09
一方いっぽう 계속 ~하는중　93	追い越しおいこし 추월　04	係員かかりいん 담당자, 계원　93
移転いてん 이전　06	応援おうえん 응원　06	拡大かくだい 확대　02
移動いどう 이동　98	応対おうたい 응대　02	肩かた 어깨　94
違反いはん 위반　96, 00	横断おうだん 횡단　95	楽器がっき 악기　98
	欧米おうべい 구미　08	各国かっこく 각국　96

家庭 かてい 가정 96

仮定 かてい 가정 03

可能性 かのうせい 가능성 00

壁 かべ 벽 07

神 かみ 신 99

貨物 かもつ 화물 09

革靴 かわぐつ 가죽 구두 06

環境 かんきょう 환경 01, 04

関係 かんけい 관계 02

観察 かんさつ 관찰 93, 02

関心 かんしん 관심 04

乾燥 かんそう 건조 92, 08

観測 かんそく 관측 97, 04

缶詰 かんづめ 통조림 92, 00

管理 かんり 관리 95

完了 かんりょう 완료 04

記憶 きおく 기억 93

機会 きかい 기회 95

機嫌 きげん 기분, 심기 08

危険性 きけんせい 위험성 97

気候 きこう 기후 96

岸 きし 강가 00

記事 きじ 기사 92, 02

技術 ぎじゅつ 기술 97

規制 きせい 규제 01

帰宅 きたく 귀가 95

貴重品 きちょうひん 귀중품 95

喫茶店 きっさてん 찻집 05

切符 きっぷ 표 93

機能 きのう 기능 93

希望 きぼう 희망 94

疑問 ぎもん 의문 02

客 きゃく 손님 01

救助 きゅうじょ 구조 98

牛乳 ぎゅうにゅう 우유 05

教育 きょういく 교육 01

共感 きょうかん 공감 01

供給 きょうきゅう 공급 95

教師 きょうし 교사 07

競争 きょうそう 경쟁 08

共同 きょうどう 공동 03

恐怖 きょうふ 공포 07

協力 きょうりょく 협력 92, 97, 09

許可 きょか 허가 01

漁業 ぎょぎょう 어업 05

曲線 きょくせん 곡선 94

記録 きろく 기록 98, 03

議論 ぎろん 의논 00, 03

禁煙 きんえん 금연 91

金額 きんがく 금액 01

禁止 きんし 금지 97, 04, 09

区域 くいき 구역 04

空港 くうこう 공항 05

草 くさ 풀 94

薬 くすり 약 99

管 くだ 관 92

具体化 ぐたいか 구체화 95

靴くつ 신발 02

工夫くふう 연구, 궁리 95

雲くも 구름 01

暮しくらし 생활 03

訓練くんれん 훈련 01

経営けいえい 경영 94, 02

景気けいき 경기 04

警告けいこく 경고 93

経済けいざい 경제 92, 97

警察けいさつ 경찰 99

計算けいさん 계산 94

形式けいしき 형식 03

芸能げいのう 예능 05

警備けいび 경비 92, 05

景色けしき 경치 00

血液けつえき 혈액 95

結果けっか 결과 02

結婚けっこん 결혼 99

欠点けってん 결점 95, 06

憲法けんぽう 헌법 96

煙けむり 연기 00

原因げんいん 원인 91, 97, 04

健康けんこう 건강 05

検査けんさ 검사 97, 04

研修けんしゅう 연수 08

現象げんしょう 현상 96

減少げんしょう 감소 96

建設けんせつ 건설 07

建築家けんちくか 건축가 95

県庁けんちょう 현청 00

限定げんてい 한정 99

権利けんり 권리 96

幸運こううん 행운 97

公園こうえん 공원 96

講演こうえん 강연 05

効果こうか 효과 99

公害こうがい 공해 08

郊外こうがい 교외 00, 06

高学歴こうがくれき 고학력 91

交換こうかん 교환 92, 98

航空こうくう 공항 98

交差点こうさてん 교차로 01

鉱山こうざん 광산 98

高層こうそう 고층 07

構造こうぞう 구조 01

交通こうつう 교통 96

行動こうどう 행동 04

鉱物こうぶつ 광물 03

声こえ 목소리 01

氷こおり 얼음 01

呼吸こきゅう 호흡 94

故郷こきょう 고향 07

国際こくさい 국제 08

腰こし 허리 01

個人的こじんてき 개인적 07

骨折こっせつ 골절 09

小包こづつみ 소포 02

小麦 こむぎ 밀 94

混乱 こんらん 혼란 94, 04

際 さい 때 97

最高 さいこう 최고 01

最大 さいだい 최대 91

最低 さいてい 최저 97

才能 さいのう 재능 02

裁判 さいばん 재판 08

財布 さいふ 지갑 09

再利用 さいりよう 재이용 08

坂 さか 언덕, 비탈 00

作業 さぎょう 작업 04

昨日 さくじつ 어제 97

作物 さくもつ 농작물 94

酒 さけ 술 00

雑誌 ざっし 잡지 91, 06

左右 さゆう 좌우 96

参加 さんか 참가 98, 03

参考 さんこう 참고 08

賛成 さんせい 찬성 99

散歩 さんぽ 산책 05

寺院 じいん 사원 01

式 しき 식 94

事件 じけん 사건 06

指示 しじ 지시 08

四捨五入 ししゃごにゅう 사사오입 01

自信 じしん 자신 03

地震 じしん 지진 97, 09

自信感 じしんかん 자신감 95

実験 じっけん 실험 95

実現 じつげん 실현 97

湿度 しつど 습도 94, 08

失敗 しっぱい 실패 94, 02

指導 しどう 지도 01

児童 じどう 아동 01

死亡 しぼう 사망 95

島 しま 섬 01

姉妹 しまい 자매 93

事務所 じむしょ 사무소 09

借金 しゃっきん 빚 94

周囲 しゅうい 주위 08

集会 しゅうかい 집회 98

習慣 しゅうかん 습관 93

就職 しゅうしょく 취직 01

住宅 じゅうたく 주택 92

周辺 しゅうへん 주변 92

住民 じゅうみん 주민 93, 98

重量 じゅうりょう 중량 93

宿泊 しゅくはく 숙박 02

手術 しゅじゅつ 수술 91, 07

首相 しゅしょう 수상 94, 05

手段 しゅだん 수단 92

出席 しゅっせき 출석 96

出版 しゅっぱん 출판 09

出版社 しゅっぱんしゃ 출판사 06

首脳 しゅのう 수뇌 00

寿命 じゅみょう 수명 04

主要しゅよう 주요 03	食欲しょくよく 식욕 09	隅すみ 구석, 모퉁이 04
準備じゅんび 준비 02	諸国しょこく 여러 나라 05	性格せいかく 성격 07
賞しょう 상 05	女優じょゆう 여배우 02	生活せいかつ 생활 04
紹介しょうかい 소개 02	処理しょり 처리 01	世紀せいき 세기 96
蒸気じょうき 증기 09	資料しりょう 자료 06	請求せいきゅう 청구 93
状況じょうきょう 상황 94, 04	進学率しんがくりつ 진학률 05	税金ぜいきん 세금 95
乗車券じょうしゃけん 승차권 92	進出しんしゅつ 진출 91	成功せいこう 성공 95, 05
招待しょうたい 초대 00	心臓しんぞう 심장 07	政治せいじ 정치 97
承認しょうにん 승인 08	心配しんぱい 걱정 99	成績せいせき 성적 07
蒸発じょうはつ 증발 96	進歩しんぽ 진보 97	製造せいぞう 제조 98
消費者しょうひしゃ 소비자 93	深夜しんや 심야 09	成長せいちょう 성장 03
商品しょうひん 상품 91, 02	信用しんよう 신용 02	晴天せいてん 맑은 날씨 91
情報じょうほう 정보 97	信頼しんらい 신뢰 07	生徒せいと (중·고등)학생 07
消防署しょうぼうしょ 소방서 07	森林しんりん 삼림 92, 99	政党せいとう 정당 03
正面しょうめん 정면 97	人類じんるい 인류 08	性能せいのう 성능 91
将来しょうらい 장래 97	人類学じんるいがく 인류학 96	製品せいひん 제품 04
省略しょうりゃく 생략 08	水滴すいてき 물방울 04	政府せいふ 정부 92
職場しょくば 직장 96	数年すうねん 수년 05	成分せいぶん 성분 09
植物しょくぶつ 식물 92, 98	姿すがた 모습 93	性別せいべつ 성별 91

責任 せきにん 책임 00

設計 せっけい 설계 95

接触 せっしょく 접촉 98

節約 せつやく 절약 03

背中 せなか 등 01

全額 ぜんがく 전액 98

全国的 ぜんこくてき 전국적 91

選手 せんしゅ 선수 97

戦争 せんそう 전쟁 00, 03

選択 せんたく 선택 05

全部 ぜんぶ 전부 91

増加 ぞうか 증가 96

操作 そうさ 조작 97, 03

総人口 そうじんこう 총인구 06

想像 そうぞう 상상 99, 09

相談 そうだん 상담 92

装置 そうち 장치 94, 09

底 そこ 바닥 03

祖父 そふ 조부 96

尊敬 そんけい 존경 06

存在 そんざい 존재 99

損得 そんとく 손실과 이익 06

退院 たいいん 퇴원 09

大臣 だいじん 대신 03

代表 だいひょう 대표 96, 05

太陽 たいよう 태양 99

大陸 たいりく 대륙 95

畳 たたみ 다다미 05

谷 たに 계곡 03

他人 たにん 타인 06

種 たね 씨앗, 종자 94

束 たば 뭉치, 다발 93

卵 たまご 달걀 05

団体 だんたい 단체 02

担当 たんとう 담당 93

地域 ちいき 지역 93

知恵 ちえ 지혜 03

地球 ちきゅう 지구 08

遅刻 ちこく 지각 99, 08

地帯 ちたい 지대 92

駐車 ちゅうしゃ 주차 06

駐車場 ちゅうしゃじょう 주차장 00

注目 ちゅうもく 주목 93

超過 ちょうか 초과 93

調査 ちょうさ 조사 92, 03

頂点 ちょうてん 정점 08

貯金 ちょきん 저금 98

直接 ちょくせつ 직접 09

著者 ちょしゃ 저자 93, 09

貯蔵 ちょぞう 저장 09

追加 ついか 추가 93

通行 つうこう 통행 01

疲れ つかれ 피로 05

机 つくえ 책상 04

都合 つごう 사정, 형편 92, 95

停車 ていしゃ 정차 97

鉄橋 てっきょう 철교 06

展開 てんかい 전개 07

同時 どうじ 동시 97

到着 とうちゃく 도착 03

盗難 とうなん 도난 94

独立 どくりつ 독립 94

登山 とざん 등산 07

途中 とちゅう 도중 95, 07

努力 どりょく 노력 06

泥 どろ 진흙 02

内容 ないよう 내용 02

波 なみ 파도 06

涙 なみだ 눈물 00

日常 にちじょう 일상 96

日課 にっか 일과 09

二倍 にばい 두배 06

荷物 にもつ 짐 93

値段 ねだん 가격 97

熱演 ねつえん 열연 00

年齢 ねんれい 연령 07

農業 のうぎょう 농업 96

農産物 のうさんぶつ 농산물 92

歯 は 이빨 08

灰色 はいいろ 회색 07

配布 はいふ 배포 00

爆発 ばくはつ 폭발 00

箱 はこ 상자 91

発刊 はっかん 발간 91

発射 はっしゃ 발사 04

発展 はってん 발전 92

発売 はつばい 발매 93

破片 はへん 파편 96

犯罪 はんざい 범죄 06

反対 はんたい 반대 07

判断 はんだん 판단 02

販売 はんばい 판매 02, 06

被害 ひがい 피해 92, 97, 02

光 ひかり 빛 92, 99

悲劇 ひげき 비극 04

筆跡 ひっせき 필적 99

皮膚 ひふ 피부 99, 08

評価 ひょうか 평가 02

表現 ひょうげん 표현 08

標識 ひょうしき 표지 06

平等 びょうどう 평등 96

封筒 ふうとう 봉투 99

夫婦 ふうふ 부부 05

普及 ふきゅう 보급 91, 94

不況 ふきょう 불황 93

付近 ふきん 부근 98

服装 ふくそう 복장 91

舞台 ぶたい 무대 07

物質 ぶっしつ 물질 93

部品 ぶひん 부품 92, 98

分野 ぶんや 분야 96

平均 へいきん 평균 04

変化 へんか 변화 96

変更 へんこう 변경 03

編集 へんしゅう 편집 06	皆 みな 모두 02	用意 ようい 준비 98
貿易 ぼうえき 무역 04, 09	未来 みらい 미래 08	幼児 ようじ 유아 99
報告書 ほうこくしょ 보고서 07	昔 むかし 옛날 00	予算 よさん 예산 98
帽子 ぼうし 모자 09	虫 むし 벌레 94	予測 よそく 예측 93
方針 ほうしん 방침 08	娘 むすめ 딸 07	夜中 よなか 한밤중 95
宝石 ほうせき 보석 07	村 むら 마을 01	予報 よほう 예보 91
放送局 ほうそうきょく 방송국 97	群れ むれ 무리 06	四割引 よんわりびき 40% 할인 91
防犯 ぼうはん 방범 94	明確 めいかく 명확함 08	理解 りかい 이해 05
方法 ほうほう 방법 06	目的 もくてき 목적 06	留学生 りゅうがくせい 유학생 98
訪問 ほうもん 방문 05	物語 ものがたり 이야기 01	流行 りゅうこう 유행 91, 08
法律 ほうりつ 법률 00, 09	約束 やくそく 약속 92, 99	両替 りょうがえ 환전 05
星 ほし 별 01	役目 やくめ 임무, 역할 09	両国 りょうこく 양국 00
募集 ぼしゅう 모집 91, 96, 04	役割 やくわり 역할 93	領収書 りょうしゅうしょ 영수증 95
保存 ほぞん 보존 92, 01	家賃 やちん 집세 06	例外 れいがい 예외 03
骨 ほね 뼈 01	優勝 ゆうしょう 우승 97, 00, 06	零度 れいど 영도 97
祭り まつり 축제 01	郵便局 ゆうびんきょく 우체국 99	冷凍 れいとう 냉동 00
窓 まど 창 99, 04	油断 ゆだん 방심, 부주의 03	歴史 れきし 역사 93, 00
万年筆 まんねんひつ 만년필 06	輸入量 ゆにゅうりょう 수입량 94	列島 れっとう 열도 91
湖 みずうみ 호수 00	指 ゆび 손가락 96	恋愛 れんあい 연애 99

倒れる_{たおれる} 쓰러지다 98	慣れる_{なれる} 익숙해지다 04	降る_{ふる} (비·눈 등이) 내리다 07

倒れる_{たおれる} 쓰러지다 98

慣れる_{なれる} 익숙해지다 04

降る_{ふる} (비·눈 등이) 내리다 07

耕す_{たがやす} 일구다, 경작하다 94

逃げる_{にげる} 도망치다 07

減る_{へる} 줄다, 적어지다 05

達する_{たっする} 이르다, 달성하다 96

似る_{にる} 닮다 93

掘る_{ほる} 파다 09

頼む_{たのむ} 부탁하다 94

抜く_{ぬく} 빼다, 뽑다 94

巻く_{まく} 감다, 말다 96

疲れる_{つかれる} 피곤하다 94

塗る_{ぬる} 칠하다, 바르다 04, 08

増す_{ます} 더하다, 늘다 07

伝える_{つたえる} 전하다 00

願う_{ねがう} 바라다 03

招く_{まねく} 초대하다 04, 08

続く_{つづく} 계속되다 91, 98, 07

残る_{のこる} 남다 00

守る_{まもる} 지키다 94, 04

勤める_{つとめる} 근무하다 95

述べる_{のべる} 진술하다 01

迷う_{まよう} 망설이다, 헤매다 97

解く_{とく} 풀다 94

昇る_{のぼる} 오르다, 올라가다 99

磨く_{みがく} 연마하다, 닦다 07

閉じる_{とじる} 닫다, 마치다 94

生える_{はえる} 나다, 자라다 92

認める_{みとめる} 인정하다 94, 03

届く_{とどく} 닿다, 배달되다 92, 02

運び去る_{はこびさる} 운반하다 95

実る_{みのる} 열매 맺다 94

整う_{ととのう} 정돈되다, 갖춰지다 02

働く_{はたらく} 일하다 92

迎える_{むかえる} 맞이하다 07

飛ぶ_{とぶ} 날다 06

省く_{はぶく} 줄이다, 생략하다 93

結ぶ_{むすぶ} 묶다, 연결하다 93

泊る_{とまる} 숙박하다 95

引き出す_{ひきだす} 인출하다 98

命じる_{めいじる} 명령하다 91

取りあげる_{とりあげる} 몰수하다 96

拾う_{ひろう} 줍다 98, 09

召し上がる_{めしあがる} 드시다 91

流す_{ながす} 흘리다 92

広がる_{ひろがる} 넓어지다, 퍼지다 04

申し込む_{もうしこむ} 신청하다 03

流れる_{ながれる} 흘러 내리다 00

増える_{ふえる} 증가하다 91

燃える_{もえる} 타다 94

悩む_{なやむ} 고민하다 92, 08

吹く_{ふく} 불다 99

用いる_{もちいる} 이용하다 94

並ぶ_{ならぶ} 진열되다 91

含む_{ふくむ} 포함하다 95, 09

戻す_{もどす} 되돌리다 91

求める もとめる 요구하다 99, 06

焼ける やける 타다, 구워지다 00

雇う やとう 고용하다 01, 09

破る やぶる 찢다, 어기다 92

辞める やめる 그만두다 02

沸く わく 끓다, 뜨거워지다 05

渡す わたす 건네주다 91

笑う わらう 웃다 01

い형용사

浅い あさい 얕다, 정도가 낮다 06

温かい あたたかい 따뜻하다 07

暑い あつい 덥다 99

甘い あまい 달다 05

忙しい いそがしい 바쁘다 91, 08

痛い いたい 아프다 97, 08

薄い うすい 얇다, 연하다 05

美しい うつくしい 아름답다 99

偉い えらい 위대하다, 지위가 높다 05

幼い おさない 어리다 09

賢い かしこい 영리하다 05

軽い かるい 가볍다 97

険しい けわしい 가파르다, 험악하다 06

濃い こい 진하다 08

細かい こまかい 자세하다, 세밀하다 93

寒い さむい 춥다 01

涼しい すずしい 시원하다, 서늘하다 09

鋭い するどい 날카롭다 97

狭い せまい 좁다 00

仲良い なかよい 사이가 좋다 02

深い ふかい 깊다 95

細い ほそい 가늘다 92

珍しい めずらしい 드물다 92, 98, 03

優しい やさしい 상냥하다 95

柔らかい やわらかい 부드럽다 06

良い よい 좋다 00

若い わかい 젊다 99

な형용사

永遠な えいえんな 영원한 98

永久な えいきゅうな 영구한 03

主な おもな 주된 05

快適な かいてきな 쾌적한 97

簡単な かんたんな 간단한 97

逆な ぎゃくな 반대인, 거꾸로인 91, 96

急速な きゅうそくな 급속한 91, 96

巨大な きょだいな 거대한 07

厳重な げんじゅうな 엄중한 05

強引な ごういんな 억지인, 무리한 02

肯定的な こうていてきな 긍정적인 95

残念な ざんねんな 유감스러운 02

静かな しずかな 조용한 99

順調な じゅんちょうな 순조로운 91, 09

正直な しょうじきな 정직한 07

深刻な しんこくな 심각한 93

積極的な せっきょくてきな 적극적인 03

絶対的な ぜったいてきな 절대적인 99

기출 한자

確かな たしかな 확실한 97

単純な たんじゅんな 단순한 01

適切な てきせつな 적절한 02

必要な ひつような 필요한 05

皮肉な ひにくな 얄궂은 91

不規則な ふきそくな 불규칙한 95

複雑な ふくざつな 복잡한 98

部分的な ぶぶんてきな 부분적인 04

夢中な むちゅうな 열중한 99

面倒な めんどうな 귀찮은 05

有効な ゆうこうな 유효한 93

豊かな ゆたかな 풍부한, 풍요로운 95, 01

乱暴な らんぼうな 난폭한 08

부사, 기타

案外 あんがい 뜻밖에 02

言い難い いいがたい 말하기 어렵다 05

～億 おく ～억 98, 03, 06

必ず かならず 반드시 01

偶然 ぐうぜん 우연히 00

～歳 さい ～세, ～살 96

幸い さいわい 다행히 07

次第に しだいに 차츰, 점차 96

絶対に ぜったいに 절대로 92

絶えず たえず 끊임없이, 항상 91

～兆 ちょう 조 03

次々と つぎつぎと 잇달아, 계속해서 06

常に つねに 항상 08

突然 とつぜん 돌연, 갑자기 95

比較的 ひかくてき 비교적 03

～匹 ひき ～마리 01

万一 まんいち 만일 98

喜んで よろこんで 기꺼이 02

한자 음독 1 _많은 숙어를 가진 한자

意 い	意外 いがい 의외	意識 いしき 의식	意思 いし 의사	意志 いし 의지
医 い	医者 いしゃ 의사	医師 いし 의사	医学 いがく 의학	
一 いち	一部 いちぶ 일부 一致 いっち 일치	一流 いちりゅう 일류 一定 いってい 일정	一家 いっか 일가	一種 いっしゅ 일종
演 えん	演劇 えんげき 연극 演習 えんしゅう 실습	演奏 えんそう 연주 講演 こうえん 강연	演技 えんぎ 연기	演説 えんぜつ 연설
応 おう	応援 おうえん 응원	応接 おうせつ 응접	応対 おうたい 응대	応用 おうよう 응용
温 おん	温泉 おんせん 온천 温暖化 おんだんか 온난화	温度 おんど 온도	温室 おんしつ 온실	温帯 おんたい 온대
家 か	家庭 かてい 가정 画家 がか 화가	家事 かじ 가사	家屋 かおく 가옥	家具 かぐ 가구
過 か	過去 かこ 과거	過失 かしつ 과실	過程 かてい 과정	過剰 かじょう 과잉
会 かい	会議 かいぎ 회의	会員 かいいん 회원	会計 かいけい 회계	会合 かいごう 회합
開 かい	開会 かいかい 개회	開通 かいつう 개통	開放 かいほう 개방	開始 かいし 개시
改 かい	改正 かいせい 개정	改札口 かいさつぐち 개찰구	改造 かいぞう 개조	改善 かいぜん 개선
解 かい	解説 かいせつ 해설	解放 かいほう 해방	解釈 かいしゃく 해석	解散 かいさん 해산
確 かく	確実 かくじつ 확실	確認 かくにん 확인	確率 かくりつ 확률	
学 がく	学習 がくしゅう 학습 学力 がくりょく 학력	学者 がくしゃ 학자 学会 がっかい 학회	学年 がくねん 학년 学期 がっき 학기	学問 がくもん 학문 学級 がっきゅう 학급
活 かつ	活動 かつどう 활동	活用 かつよう 활용	活字 かつじ 활자	活躍 かつやく 활약
感 かん	感情 かんじょう 감정 感激 かんげき 감격	感覚 かんかく 감각 感想 かんそう 감상	感謝 かんしゃ 감사	感心 かんしん 감탄
観 かん	観光 かんこう 관광	観客 かんきゃく 관객	観察 かんさつ 관찰	観測 かんそく 관측

基き	基本きほん 기본	基準きじゅん 기준	基礎きそ 기초	基盤きばん 기반
記き	記者きしゃ 기자 記入きにゅう 기입	記憶きおく 기억 記念きねん 기념	記号きごう 기호 記録きろく 기록	記事きじ 기사
機き	機会きかい 기회	機関きかん 기관	機能きのう 기능	
休きゅう	休暇きゅうか 휴가	休息きゅうそく 휴식	休業きゅうぎょう 휴업	休憩きゅうけい 휴게, 휴식
教きょう	教育きょういく 교육 教養きょうよう 교양	教師きょうし 교사	教員きょういん 교원	教授きょうじゅ 교수
金きん	金庫きんこ 금고 金魚きんぎょ 금붕어	金銭きんせん 금전 金融きんゆう 금융	金属きんぞく 금속	金額きんがく 금액
苦く	苦情くじょう 불만	苦労くろう 고생	苦心くしん 고심	
空くう	空気くうき 공기	空港くうこう 공항	空想くうそう 공상	空中くうちゅう 공중
計けい	計画けいかく 계획	計算けいさん 계산	合計ごうけい 합계	会計かいけい 회계
経けい	経営けいえい 경영	経済けいざい 경제	経度けいど 경도	経由けいゆ 경유
欠けつ	欠席けっせき 결석	欠点けってん 결점	欠陥けっかん 결함	
決けつ	決心けっしん 결심	決定けってい 결정	可決かけつ 가결	解決かいけつ 해결
結けつ	結論けつろん 결론	結婚けっこん 결혼	結果けっか 결과	結局けっきょく 결국
見けん	見学けんがく 견학	見解けんかい 견해	会見かいけん 회견	見当けんとう 짐작, 추측
現げん	現金げんきん 현금 現象げんしょう 현상	現代げんだい 현대 現状げんじょう 현 상태	現在げんざい 현재 現場げんば 현장	現実げんじつ 현실 実現じつげん 실현
限げん	限界げんかい 한계	限度げんど 한도	限定げんてい 한정	期限きげん 기한
個こ	個人こじん 개인	個別こべつ 개별	個性こせい 개성	
公こう	公園こうえん 공원 公衆こうしゅう 공중	公害こうがい 공해 公正こうせい 공정	公共こうきょう 공공 公表こうひょう 공표	公式こうしき 공식 公務員こうむいん 공무원
高こう	高価こうか 고가 高度こうど 고도	高級こうきゅう 고급 高等こうとう 고등	高層こうそう 고층	高速こうそく 고속

国 こく	国民 こくみん 국민 国境 こっきょう 국경	国立 こくりつ 국립 国王 こくおう 국왕	国会 こっかい 국회 国語 こくご 국어	国家 こっか 국가 国籍 こくせき 국적
混 こん	混雑 こんざつ 혼잡	混合 こんごう 혼합	混乱 こんらん 혼란	
最 さい	最高 さいこう 최고	最終 さいしゅう 최종	最中 さいちゅう 한창 ~도중	最低 さいてい 최저
支 し	支給 しきゅう 지급 支配 しはい 지배	支持 しじ 지지 支度 したく 준비	支店 してん 지점	支出 ししゅつ 지출
資 し	資源 しげん 자원	資料 しりょう 자료	資本 しほん 자본	物資 ぶっし 물자
事 じ	事件 じけん 사건 事務 じむ 사무	事故 じこ 사고 記事 きじ 기사	事情 じじょう 사정	事実 じじつ 사실
時 じ	時期 じき 시기	時刻 じこく 시각	時速 じそく 시속	
失 しつ	失業 しつぎょう 실업	失望 しつぼう 실망	失敗 しっぱい 실패, 실수	失恋 しつれん 실연
実 じつ	実用 じつよう 실용 実験 じっけん 실험 実施 じっし 실시	実力 じつりょく 실력 実現 じつげん 실현 実習 じっしゅう 실습	実例 じつれい 실례 実行 じっこう 실행 実績 じっせき 실적	実感 じっかん 실감 実際 じっさい 실제 実物 じつぶつ 실물
車 しゃ	車道 しゃどう 차도	車輪 しゃりん 바퀴	車庫 しゃこ 차고	車掌 しゃしょう 차장
主 しゅ	主義 しゅぎ 주의	主語 しゅご 주어	主張 しゅちょう 주장	主役 しゅやく 주역
集 しゅう	集会 しゅうかい 집회 集中 しゅうちゅう 집중	集金 しゅうきん 집금, 수금	集合 しゅうごう 집합	集団 しゅうだん 집단
住 じゅう	住宅 じゅうたく 주택	住居 じゅうきょ 주거	住民 じゅうみん 주민	
出 しゅつ	出勤 しゅっきん 출근 出張 しゅっちょう 출장	出場 しゅつじょう 출전, 출장 出版 しゅっぱん 출판	出身 しゅっしん 출신	出世 しゅっせ 출세
書 しょ	書店 しょてん 서점 書斎 しょさい 서재	書類 しょるい 서류 書籍 しょせき 서적	書物 しょもつ 서적, 책	書道 しょどう 서도, 서예
消 しょう	消化 しょうか 소화 消極的 しょうきょくてき 소극적	消毒 しょうどく 소독 消耗 しょうもう 소모	消費 しょうひ 소비	消防 しょうぼう 소방
商 しょう	商業 しょうぎょう 상업 商人 しょうにん 상인	商社 しょうしゃ 상사 商売 しょうばい 장사	商店 しょうてん 상점	商品 しょうひん 상품

上 じょう	上級じょうきゅう 상급	上京じょうきょう 상경	上下じょうげ 상하	上旬じょうじゅん 상순
常 じょう	常識じょうしき 상식	日常にちじょう 일상	通常つうじょう 통상	
食 しょく	食塩しょくえん 식염	食卓しょくたく 식탁	食品しょくひん 식품	食物しょくもつ 음식물
職 しょく	職業しょくぎょう 직업	職人しょくにん 장인	職場しょくば 직장	
心 しん	心配しんぱい 걱정	心身しんしん 심신	心臓しんぞう 심장	心理しんり 심리
信 しん	信号しんごう 신호	信仰しんこう 신앙	信用しんよう 신용	信頼しんらい 신뢰
親 しん	親戚しんせき 친척	親友しんゆう 친한 친구	親類しんるい 친척	
水 すい	水産すいさん 수산	水準すいじゅん 수준	水滴すいてき 물방울	水筒すいとう 수통, 물통
推 すい	推定すいてい 추정	推進すいしん 추진	推理すいり 추리	推薦すいせん 추천
数 すう	数学すうがく 수학	数字すうじ 숫자	算数さんすう 산수	
生 せい	生活せいかつ 생활 生物せいぶつ 생물	生産せいさん 생산 生命せいめい 생명	生存せいぞん 생존	生長せいちょう 생장
成 せい	成功せいこう 성공 成長せいちょう 성장	成人せいじん 성인 成立せいりつ 성립	成分せいぶん 성분	成績せいせき 성적
性 せい	性格せいかく 성격	性質せいしつ 성질	性能せいのう 성능	性別せいべつ 성별
直 ちょく	直接ちょくせつ 직접	間接かんせつ 간접	接続せつぞく 접속	接近せっきん 접근
全 ぜん	全員ぜんいん 전원	全国ぜんこく 전국	全集ぜんしゅう 전집	全身ぜんしん 전신
前 ぜん	前後ぜんご 전후	前者ぜんしゃ 전자	前進ぜんしん 전진	
体 たい	体育たいいく 체육 体制たいせい 체제	体温たいおん 체온 体積たいせき 체적	体系たいけい 체계 体操たいそう 체조	体重たいじゅう 체중
対 たい	対策たいさく 대책	対照たいしょう 대조	対象たいしょう 대상	対立たいりつ 대립
代 だい	代金だいきん 대금	代表だいひょう 대표	代理だいり 대리	
単 たん	単位たんい 단위, 학점	単語たんご 단어	単純たんじゅん 단순	単数たんすう 단수
知 ち	知恵ちえ 지혜	知事ちじ 지사, 지방 장관	知識ちしき 지식	知人ちじん 지인

中 ちゅう	中央 ちゅうおう 중앙	中学 ちゅうがく 중학	中間 ちゅうかん 중간	中古 ちゅうこ 중고
調 ちょう	調査 ちょうさ 조사	調子 ちょうし 박자, 상태	調整 ちょうせい 조정	調節 ちょうせつ 조절
通 つう	通過 つうか 통과	通学 つうがく 통학	通勤 つうきん 통근	通行 つうこう 통행
鉄 てつ	鉄道 てつどう 철도	地下鉄 ちかてつ 지하철	鉄橋 てっきょう 철교	鉄砲 てっぽう 총
天 てん	天候 てんこう 날씨	天井 てんじょう 천정	天然 てんねん 천연	天皇 てんのう 천황
都 と	都会 とかい 도회	都市 とし 도시	都心 としん 도심	首都 しゅと 수도
電 でん	電球 でんきゅう 전구	電子 でんし 전자	電線 でんせん 전선	電卓 でんたく 전자계산기
伝 でん	伝記 でんき 전기	伝言 でんごん 전언, 메시지	伝染 でんせん 전염	伝統 でんとう 전통
当 とう	当時 とうじ 당시	当然 とうぜん 당연	当日 とうじつ 당일	当番 とうばん 당번
同 どう	同一 どういつ 동일	同格 どうかく 동격	同時 どうじ 동시	同様 どうよう 같음
特 とく	特色 とくしょく 특색	特徴 とくちょう 특징	特長 とくちょう 특장	特定 とくてい 특정
年 ねん	年間 ねんかん 연간	年月 ねんげつ 세월	年代 ねんだい 연대	年中 ねんじゅう 일 년 내내
能 のう	能率 のうりつ 능률	能力 のうりょく 능력	有能 ゆうのう 유능	
発 はつ	発揮 はっき 발휘 発射 はっしゃ 발사	発見 はっけん 발견 発想 はっそう 발상	発行 はっこう 발행 発達 はったつ 발달	発展 はってん 발전 発電 はつでん 발전
表 ひょう	表現 ひょうげん 표현	表紙 ひょうし 표지	表面 ひょうめん 표면	発表 はっぴょう 발표
不 ふ	不安 ふあん 불안 不通 ふつう 불통	不運 ふうん 불운 不平 ふへい 불평	不可能 ふかのう 불가능 不満 ふまん 불만	不足 ふそく 부족
部 ぶ	部首 ぶしゅ 부수	部分 ぶぶん 부분	部品 ぶひん 부품	
分 ぶん	分解 ぶんかい 분해 分野 ぶんや 분야	分数 ぶんすう 분수 分量 ぶんりょう 분량	分析 ぶんせき 분석 分類 ぶんるい 분류	分布 ぶんぷ 분포
保 ほ	保険 ほけん 보험	保護 ほご 보호	保証 ほしょう 보증	保存 ほぞん 보존
満 まん	満員 まんいん 만원	満足 まんぞく 만족	満点 まんてん 만점	
友 ゆう	友好 ゆうこう 우호	友情 ゆうじょう 우정	友人 ゆうじん 친구	

予 よ	予期 よき 예기 予報 よほう 예보	予算 よさん 예산 予防 よぼう 예방	予測 よそく 예측	予備 よび 예비
用 よう	用語 ようご 용어	用紙 ようし 용지	用心 ようじん 조심	用途 ようと 용도
要 よう	要求 ようきゅう 요구 要領 ようりょう 요령	要素 ようそ 요소	要点 ようてん 요점	要旨 ようし 요지
理 り	理科 りか 이과	理解 りかい 이해	理想 りそう 이상	
歴 れき	歴史 れきし 역사	経歴 けいれき 경력	学歴 がくれき 학력	
列 れつ	列 れつ 열	列島 れっとう 열도	列車 れっしゃ 열차	行列 ぎょうれつ 행렬
連 れん	連合 れんごう 연합	連想 れんそう 연상	連続 れんぞく 연속	連絡 れんらく 연락
論 ろん	論文 ろんぶん 논문	論争 ろんそう 논쟁	論理 ろんり 논리	議論 ぎろん 의론
和 わ	和英 わえい 일영	和服 わふく 일본식 옷	和食 わしょく 일식	

한자 음독 2 _ 소리가 두 개인 한자

下 か/げ	下降 かこう 하강 下車 げしゃ 하차	下線 かせん 밑 선 下旬 げじゅん 하순	地下 ちか 지하 下水 げすい 하수	部下 ぶか 부하 下宿 げしゅく 하숙
気 き/け	気温 きおん 기온 気配 けはい 기척	気圧 きあつ 기압 湿気 しっけ 습기	気体 きたい 기체	気候 きこう 기후
外 がい/げ	外出 がいしゅつ 외출 外科 げか 외과	外部 がいぶ 외부	外交 がいこう 외교	以外 いがい 이외
漁 ぎょ/りょう	漁業 ぎょぎょう 어업 漁師 りょうし 어부	漁船 ぎょせん 어선		
景 けい/け	景気 けいき 경기 景色 けしき 경치	不景気 ふけいき 불경기	風景 ふうけい 풍경	
強 きょう/ごう	強化 きょうか 강화 強盗 ごうとう 강도	強調 きょうちょう 강조 強引 ごういんな 무리한	強力 きょうりょく 강력	勉強 べんきょう 공부
工 こう/く	工事 こうじ 공사 工夫 くふう 연구, 궁리	工場 こうじょう 공장 大工 だいく 목수, 목수 일	工業 こうぎょう 공업	
行 こう/ぎょう	行動 こうどう 행동 行事 ぎょうじ 행사	流行 りゅうこう 유행 行列 ぎょうれつ 행렬	進行 しんこう 진행 行儀 ぎょうぎ 예의범절	孝行 こうこう 효도

後 こう ご	後者こうしゃ 후자 午後ごご 오후	後輩こうはい 후배 前後ぜんご 전후	後悔こうかい 후회	
合 ごう がっ	合格ごうかく 합격 合宿がっしゅく 합숙	合計ごうけい 합계	合流ごうりゅう 합류	会合かいごう 회합
財 ざい さい	財産ざいさん 재산 財布さいふ 지갑	文化財ぶんかざい 문화재		
作 さく さ	作品さくひん 작품 作業さぎょう 작업	作物さくもつ 농작물 作法さほう 예의범절	作家さっか 작가 動作どうさ 동작	作曲さっきょく 작곡 操作そうさ 조작
自 じ し	自身じしん 자신 自習じしゅう 자습 自然しぜん 자연	自動じどう 자동 自殺じさつ 자살	自宅じたく 자택 自衛じえい 자위	自治じち 자치 自慢じまん 자랑
存 そん ぞん	存在そんざい 존재 保存ほぞん 보존	生存せいぞん 생존		
重 じゅう ちょう	重視じゅうし 중시 重量じゅうりょう 중량 貴重品きちょうひん 귀중품	重点じゅうてん 중점 重力じゅうりょく 중력 尊重そんちょう 존중	重態じゅうたい 중태 慎重しんちょう 신중	重役じゅうやく 중역
人 じん にん	人工じんこう 인공 人造じんぞう 인조 人気にんき 인기	人事じんじ 인사 人物じんぶつ 인물 人形にんぎょう 인형	人種じんしゅ 인종 人命じんめい 인명 人間にんげん 인간	人生じんせい 인생 人類じんるい 인류 人数にんずう 사람수
世 せい せ	世紀せいき 세기 世間せけん 세간, 세상	西暦せいれき 서기 世代せだい 세대	出世しゅっせ 출세	
正 せい しょう	正門せいもん 정문 正午しょうご 정오	正確せいかく 정확 正面しょうめん 정면	正解せいかい 정해, 정답 正直しょうじき 정직	公正こうせい 공정 正味しょうみ 정량
省 せい しょう	反省はんせい 반성 省略しょうりゃく 생략			
相 そう しょう	相談そうだん 상담 首相しゅしょう 수상			
大 たい だい	大会たいかい 대회 大戦たいせん 대전 大工だいく 목공	大気たいき 대기 大半たいはん 대부분 大小だいしょう 대소	大木たいぼく 큰 나무 大陸たいりく 대륙 大臣だいじん 장관	大使たいし 대사
地 ち じ	地位ちい 지위 地質ちしつ 지질 地震じしん 지진	地域ちいき 지역 地帯ちたい 지대 地盤じばん 지반	地下ちか 지하 地点ちてん 지점 地味じみ 수수한	地球ちきゅう 지구 地方ちほう 지방 地面じめん 지면

直	ちょく じき	直角ちょっかく 직각 直線ちょくせん 직선 正直しょうじき 정직	直径ちょっけい 직경 直前ちょくぜん 직전	直後ちょくご 직후 直通ちょくつう 직통	直接ちょくせつ 직접 直流ちょくりゅう 직류
率	そつ りつ	率直そっちょく 솔직 能率のうりつ 능률	軽率けいそつ 경솔 確率かくりつ 확률	比率ひりつ 비율	効率こうりつ 효율
頭	とう ず	先頭せんとう 선두 頭痛ずつう 두통	口頭こうとう 구두 頭脳ずのう 두뇌		
土	と ど	土地とち 토지, 땅 国土こくど 국토			
登	とう と	登場とうじょう 등장 登山とざん 등산	登録とうろく 등록		
日	にち じつ	日時にちじ 일시 日程にってい 일정 先日せんじつ 지난번	日常にちじょう 일상 休日きゅうじつ 휴일	日課にっか 일과 平日へいじつ 평일	日中にっちゅう 낮 동안
図	と ず	図書館としょかん 도서관 地図ちず 지도	図表ずひょう 도표	図形ずけい 도형	図鑑ずかん 도감
夫	ふ ふう	夫人ふじん 부인 夫婦ふうふ 부부	夫妻ふさい 부처, 부부		
無	む ぶ	無料むりょう 무료 無地むじ 무늬가 없는 無事ぶじ 무사	無数むすう 무수 有無うむ 유무	無限むげん 무한	無視むし 무시
物	ぶつ もつ	物理ぶつり 물리 作物さくもつ 작물	物価ぶっか 물가 書物しょもつ 서적	物質ぶっしつ 물질 貨物かもつ 화물	物騒ぶっそう 뒤숭숭함 穀物こくもつ 곡물
文	ぶん も もん	文芸ぶんげい 문예 文字もじ 문자 文句もんく 불평	文献ぶんけん 문헌	文脈ぶんみゃく 문맥	文明ぶんめい 문명
平	へい びょう	平和へいわ 평화 平等びょうどう 평등	平日へいじつ 평일	公平こうへい 공평	
名	めい みょう	名作めいさく 명작 名人めいじん 명인 名字みょうじ 성	名刺めいし 명함 名物めいぶつ 명물	名詞めいし 명사	名所めいしょ 명소
有	ゆう う	有効ゆうこう 유효 有無うむ 유무	有料ゆうりょう 유료		

한자 음독3 _ 중요 실전 한자

あい 愛	愛情あいじょう 애정　　恋愛れんあい 연애
あく 握・悪	握手あくしゅ 악수 悪魔あくま 악마
あつ 圧	圧力あつりょく 압력　　圧縮あっしゅく 압축　　高気圧こうきあつ 고기압
あん 暗	暗記あんき 암기
い 委・移・以・位・維・異	委員会いいんかい 위원회 移動いどう 이동　　　移転いてん 이전 以来いらい 이래　　　以後いご 이후　　　以降いこう 이후 位置いち 위치　　　地位ちい 지위 維持いじ 유지 異常いじょう 이상
いん 引・印	引用いんよう 인용　　引力いんりょく 인력　　引退いんたい 은퇴 印象いんしょう 인상　　印刷いんさつ 인쇄
う 宇	宇宙うちゅう 우주
えい 永・営・栄・影・衛	永遠えいえん 영원　　永久えいきゅう 영구 営業えいぎょう 영업　　経営けいえい 경영　　運営うんえい 운영 栄養えいよう 영양 影響えいきょう 영향 衛生えいせい 위생
えき 液	液体えきたい 액체
えん 延・煙・宴	延期えんき 연기　　延長えんちょう 연장 禁煙きんえん 금연　　煙突えんとつ 굴뚝 宴会えんかい 연회
お 汚	汚染おせん 오염
おう 応・王・欧・往・横	応援おうえん 응원　　支援しえん 지원　　援助えんじょ 원조 王子おうじ 왕자　　王女おうじょ 왕녀 欧米おうべい 구미 往復おうふく 왕복 横断歩道おうだんほどう 횡단보도
おく 屋	屋上おくじょう 옥상　　屋外おくがい 옥외　　家屋かおく 가옥

おん 恩	恩恵おんけい 은혜		
か 可・火・科・菓・価 歌・加・課・仮	可能性かのうせい 가능성 火事かじ 화재 科目かもく 과목 お菓子かし 과자 価格かかく 가격 歌手かしゅ 가수 加速かそく 가속 課税かぜい 과세 仮定かてい 가정	可決かけつ 가결 火災かさい 화재 科学かがく 과학 価値かち 가치 歌謡かよう 가요 加熱かねつ 가열 課程かてい 과정 仮説かせつ 가설	火山かざん 화산 加減かげん 정도, 더하고 뺌
が 我	我慢がまん 참음		
かい 絵・海・回・快	絵画かいが 회화 海外かいがい 해외 回復かいふく 회복 快適かいてき 쾌적	 海洋かいよう 해양 回答かいとう 회답 快晴かいせい 쾌청	 海岸かいがん 해안
がい 概	概論がいろん 개론		
かく 各・覚・拡	各地かくち 각지 覚悟かくご 각오 拡大かくだい 확대	各自かくじ 각자 自覚じかく 자각 拡充かくじゅう 확충	
がく 楽	楽器がっき 악기	音楽おんがく 음악	
かん 関・看・完・環・乾 患・寒	関係かんけい 관계 看護婦かんごふ 간호사 完成かんせい 완성 環境かんきょう 환경 乾燥かんそう 건조 患者かんじゃ 환자 寒帯かんたい 한대	関連かんれん 관련 看板かんばん 간판 完了かんりょう 완료 乾杯かんぱい 건배	看病かんびょう 간병
き 企・期・起・規・器 帰・希・飢	企業きぎょう 기업 期間きかん 기간 起床きしょう 기상 規則きそく 규칙 器具きぐ 기구 帰宅きたく 귀가 希望きぼう 희망 飢饉ききん 기근	企画きかく 기획 期待きたい 기대 規準きじゅん 규준 器用きよう 재주가 있음	 容器ようき 용기

ぎ 技・疑	技師ぎし 기사 疑問ぎもん 의문	技術ぎじゅつ 기술	
きつ 喫	喫煙きつえん 흡연	喫茶店きっさてん 찻집	
きゃく 客	客席きゃくせき 객석	観客かんきゃく 관객	
きゅう 急・給・吸	急速きゅうそく 급속 給料きゅうりょう 급료 吸収きゅうしゅう 흡수	急激きゅうげき 급격 給与きゅうよ 급여	急行きゅうこう 급행 月給げっきゅう 월급
きょ 許	許可きょか 허가		
きょう 境・競・協・恐	境界きょうかい 경계 競技きょうぎ 경기 協力きょうりょく 협력 恐怖きょうふ 공포	国境こっきょう 국경 競争きょうそう 경쟁 協調きょうちょう 협조 恐縮きょうしゅく 황송함	＊競馬けいば 경마 協同きょうどう 협동
きょく 曲	曲線きょくせん 곡선		
きん 近・禁・緊・筋	近代きんだい 근대 禁煙きんえん 금연 緊張きんちょう 긴장 筋肉きんにく 근육	禁止きんし 금지	
く 区	区分くぶん 구분	区別くべつ 구별	区域くいき 구역
ぐ 具	道具どうぐ 도구	具体ぐたい 구체	
ぐう 偶	偶数ぐうすう 짝수	偶然ぐうぜん 우연	
くん 訓	訓練くんれん 훈련	教訓きょうくん 교훈	
ぐん 軍	軍隊ぐんたい 군대	軍人ぐんじん 군인	
けい 契・掲・稽・傾・継	契機けいき 계기 掲示けいじ 게시 稽古けいこ 연습, 훈련 傾向けいこう 경향 継続けいぞく 계속	契約けいやく 계약	
げい 芸	芸術げいじゅつ 예술	芸能げいのう 예능	園芸えんげい 원예
げき 劇・激	演劇えんげき 연극 激増げきぞう 급증, 격증	劇場げきじょう 극장 感激かんげき 감격	急激きゅうげき 급격

けつ 血・傑	血圧けつあつ 혈압 傑作けっさく 걸작	血液けつえき 혈액	出血しゅっけつ 출혈
げつ 月	月末げつまつ 월말	月給げっきゅう 월급	
けん 研・権・謙・県・懸・憲	研修けんしゅう 연수 権利けんり 권리 謙遜けんそん 겸손 県庁けんちょう 현청 (우리나라 도청에 해당) 懸命けんめい 열심히 함 憲法けんぽう 헌법	謙虚けんきょ 겸허	
げん 言	言語げんご 언어		
こ 呼	呼吸こきゅう 호흡		
こう 口・稿・光・候・考・幸 香・耕・航・肯・紅	口頭こうとう 구두 原稿げんこう 원고 光景こうけい 광경 候補こうほ 후보 参考さんこう 참고 幸運こううん 행운 香水こうすい 향수 耕地こうち 경지 航空こうくう 항공 肯定こうてい 긍정 紅葉こうよう 단풍	口実こうじつ 구실 光線こうせん 광선 気候きこう 기후 考慮こうりょ 고려 幸福こうふく 행복	人口じんこう 인구 天候てんこう 날씨 不幸ふこう 불행
こく 黒・克・穀	黒板こくばん 칠판 克服こくふく 극복 穀物こくもつ 곡물		
こつ 骨	骨折こっせつ 골절		
こん 今・困・婚	今回こんかい 이번 困難こんなん 곤란 婚約こんやく 약혼	今後こんご 금후 結婚けっこん 결혼	今日こんにち 오늘날, 현대
さ 左・差・砂	左右さゆう 좌우 差別さべつ 차별 砂漠さばく 사막	格差かくさ 격차	
ざ 座	座席ざせき 좌석	講座こうざ 강좌	

さい 採・災・祭・催・才・裁	採点 さいてん 채점 災難 さいなん 재난 祭日 さいじつ 공휴일 催促 さいそく 재촉 才能 さいのう 재능 裁判 さいばん 재판	採用 さいよう 채용 火災 かさい 화재 天才 てんさい 천재	
ざい 在	在学 ざいがく 재학	存在 そんざい 존재	現在 げんざい 현재
さく 索・削	索引 さくいん 색인 削除 さくじょ 삭제	 削減 さくげん 삭감	
さつ 撮	撮影 さつえい 촬영		
ざつ 雑	雑音 ざつおん 잡음	雑誌 ざっし 잡지	複雑 ふくざつ 복잡
さん 三・山・産・算・参 賛・酸	三角 さんかく 삼각 山林 さんりん 산림 産地 さんち 산지 算数 さんすう 산수 参加 さんか 참가 賛成 さんせい 찬성 酸性 さんせい 산성	再三 さいさん 재삼, 여러 번 生産 せいさん 생산 計算 けいさん 계산 参席 さんせき 참석 酸素 さんそ 산소	 産業 さんぎょう 산업 参考 さんこう 참고
ざん 残	残念 ざんねん 유감	残業 ざんぎょう 잔업	
し 四・刺・詩・姿・思・指 私・紙・姉・死・氏・使	四角 しかく 사각 刺激 しげき 자극 詩人 しじん 시인 姿勢 しせい 자세 思想 しそう 사상 指定 してい 지정 私立 しりつ 사립 紙幣 しへい 지폐 姉妹 しまい 자매 死亡 しぼう 사망 氏名 しめい 성명 使用 しよう 사용	四季 しき 사계 指導 しどう 지도 私鉄 してつ 사철, 민영 철도	 指示 しじ 지시
じ 児・磁	児童 じどう 아동 磁石 じしゃく 자석	育児 いくじ 육아	幼児 ようじ 유아
しつ 湿	湿度 しつど 습도	湿気 しっけ 습기	

しつ 執	執筆しっぴつ 집필
しゃ 社・写・洒	社説しゃせつ 사설 写生しゃせい 사생 洒落しゃれ 멋을 냄, 멋을 부림
じゃ 蛇	蛇口じゃぐち 수도꼭지
しゃく 借	借金しゃっきん 빚
じゃく 弱	弱点じゃくてん 약점　　　強弱きょうじゃく 강약
しゅ 手・首・種	手術しゅじゅつ 수술　　　手段しゅだん 수단 首相しゅしょう 수상　　　首都しゅと 수도 種類しゅるい 종류
じゅ 寿・需	寿命じゅみょう 수명 需要じゅよう 수요
しゅう 周・終・習・収 修・宗・就	周囲しゅうい 주위　　　周辺しゅうへん 주변 終点しゅうてん 종점　　　終了しゅうりょう 종료 習字しゅうじ 습자 収入しゅうにゅう 수입　　　収穫しゅうかく 수확 修正しゅうせい 수정　　　修繕しゅうぜん 수선　　　修理しゅうり 수리 宗教しゅうきょう 종교 就職しゅうしょく 취직　　　就任しゅうにん 취임
じゅう 渋	渋滞じゅうたい 정체
しゅく 祝	祝日しゅくじつ 축일, 공휴일
じゅく 熟	熟語じゅくご 숙어
じゅつ 述	述語じゅつご 술어
しゅん 瞬	瞬間しゅんかん 순간
じゅん 順・準・純・巡	順序じゅんじょ 순서　　　順調じゅんちょう 순조　　　順番じゅんばん 순번 準備じゅんび 준비　　　標準ひょうじゅん 표준 純情じゅんじょう 순정 巡査じゅんさ 순사, 경찰
しょ 初・処・署	初級しょきゅう 초급　　　初旬しょじゅん 초순　　　初歩しょほ 초보 処理しょり 처리 署名しょめい 서명　　　消防署しょうぼうしょ 소방서

じょ 女・助	女王 じょおう 여왕 助手 じょしゅ 조수	女子 じょし 여자	女優 じょゆう 여배우

| しょう
紹・承・将・賞・勝
証・症・焦・衝・省 | 紹介 しょうかい 소개
承認 しょうにん 승인
将来 しょうらい 장래
賞金 しょうきん 상금
勝敗 しょうはい 승패
証明 しょうめい 증명
症状 しょうじょう 증상
焦点 しょうてん 초점
衝突 しょうとつ 충돌
省略 しょうりゃく 생략 | 将棋 しょうぎ 장기
賞品 しょうひん 상품
勝負 しょうぶ 승부 | |

| じょう
条・乗・状・情・蒸
定・冗 | 条件 じょうけん 조건
乗客 じょうきゃく 승객
状況 じょうきょう 상황
情報 じょうほう 정보
蒸気 じょうき 증기
定規 じょうぎ 자, 규준
冗談 じょうだん 농담 | 乗車 じょうしゃ 승차
状態 じょうたい 상태

蒸発 じょうはつ 증발 | |

| しょく 植 | 植物 しょくぶつ 식물 | | |

| しん
身・進・新・深・診
寝・侵・針・審・森 | 身体 しんたい 신체
進学 しんがく 진학
新鮮 しんせん 신선
深刻 しんこく 심각
診察 しんさつ 진찰
寝台 しんだい 침대
侵入 しんにゅう 침입
針路 しんろ 침로, 진로
審判 しんぱん 심판
森林 しんりん 삼림 | 身長 しんちょう 신장
進歩 しんぽ 진보

深夜 しんや 심야
診断 しんだん 진단

方針 ほうしん 방침 | |

| すい
炊・睡 | 炊事 すいじ 취사
睡眠 すいみん 수면 | | |

| ずい 随 | 随筆 ずいひつ 수필 | | |

| すん 寸 | 寸法 すんぽう 치수, 사이즈 | | |

| ぜい 税 | 税金 ぜいきん 세금 | 税関 ぜいかん 세관 | |

せき 石・赤	石炭 せきたん 석탄 赤道 せきどう 적도	石油 せきゆ 석유	
せつ 節	節約 せつやく 절약		
ぜつ 絶	絶滅 ぜつめつ 절멸	絶対 ぜったい 절대	
せん 専・選・線・宣・戦・扇	専攻 せんこう 전공 選手 せんしゅ 선수 線路 せんろ 선로 宣伝 せんでん 선전 戦争 せんそう 전쟁 扇子 せんす 부채	専制 せんせい 전제 選挙 せんきょ 선거 電線 でんせん 전선	選択 せんたく 선택
ぞく 続	続出 ぞくしゅつ 속출	相続 そうぞく 상속	
た 他・多	他人 たにん 타인 多少 たしょう 다소		
だ 楕・妥	楕円 だえん 타원 妥当 だとう 타당		
たい 太・滞・逮	太陽 たいよう 태양 滞在 たいざい 체재, 체류 逮捕 たいほ 체포	渋滞 じゅうたい 정체	
だい 題	題名 だいめい 제목	問題 もんだい 문제	
だつ 脱	脱線 だっせん 탈선		
たん 短・炭・担	短期 たんき 단기 炭鉱 たんこう 탄광 担当 たんとう 담당	短所 たんしょ 단점	短編 たんぺん 단편
だん 断・段・男・団	断水 だんすい 단수 段階 だんかい 단계 男子 だんし 남자 団体 だんたい 단체	断定 だんてい 단정 男女 だんじょ 남여 団地 だんち 단지	
ち 遅	遅刻 ちこく 지각		
ちゅう 抽・昼	抽象的 ちゅうしょうてき 추상적 昼食 ちゅうしょく 점심 식사		
ちょ 貯・著	貯金 ちょきん 저금 著者 ちょしゃ 저자	貯蔵 ちょぞう 저장	

ちょう 頂・超・朝・彫	頂上 ちょうじょう 정상 超過 ちょうか 초과 朝刊 ちょうかん 조간 彫刻 ちょうこく 조각	頂点 ちょうてん 정점	
つ 都	都合 つごう 형편, 사정, 시간		
つい 追	追加 ついか 추가		
てい 定・停・提・程	定員 ていいん 정원 停止 ていし 정지 提案 ていあん 제안 程度 ていど 정도	定価 ていか 정가 停車 ていしゃ 정차 提出 ていしゅつ 제출 日程 にってい 일정	定期 ていき 정기 停電 ていでん 정전
てつ 徹・哲	徹夜 てつや 철야 哲学 てつがく 철학	徹底 てってい 철저	
てん 展・典	展開 てんかい 전개 典型 てんけい 전형	展覧会 てんらんかい 전람회 辞典 じてん 사전	発展 はってん 발전
と 途	途中 とちゅう 도중		
ど 努	努力 どりょく 노력		
とう 答・統・東・投・灯 盗・等・透	答案 とうあん 답안 統一 とういつ 통일 東西 とうざい 동서 投書 とうしょ 투서 灯台 とうだい 등대 盗難 とうなん 도난 等分 とうぶん 등분 透明 とうめい 투명	解答 かいとう 해답 統計 とうけい 통계 東洋 とうよう 동양 投票 とうひょう 투표 灯油 とうゆ 등유 強盗 ごうとう 강도 高等学校 こうとうがっこう 고등학교	伝統 でんとう 전통 電灯 でんとう 전등
どう 動・道・童	動作 どうさ 동작 道徳 どうとく 도덕 童謡 どうよう 동요	動詞 どうし 동사 道路 どうろ 도로 童話 どうわ 동화	鉄道 てつどう 철도 児童 じどう 아동
どく 独・読	独身 どくしん 독신 読書 どくしょ 독서	独立 どくりつ 독립	
とつ 突	突然 とつぜん 돌연, 갑자기		
ない 内	内科 ないか 내과	内線 ないせん 내선	内容 ないよう 내용
なっ 納	納得 なっとく 납득		

なん 南	南極なんきょく 남극	南米なんべい 남미	南北なんぼく 남북
にゅう 入	入社にゅうしゃ 입사	入場にゅうじょう 입장	
にょう 女	女房にょうぼう 아내		
ねつ 熱	熱帯ねったい 열대	熱中ねっちゅう 열중	熱心ねっしん 열심
は 破	破産はさん 파산	破片はへん 파편	
はい 配・俳	配達はいたつ 배달 俳句はいく 하이쿠	配慮はいりょ 배려 俳優はいゆう 배우	
ばい 売	売店ばいてん 매점	売買ばいばい 매매	販売はんばい 판매
はく 拍	拍手はくしゅ 박수		
はん 犯・範	犯罪はんざい 범죄 範囲はんい 범위	犯人はんにん 범인	
ばん 万・番	万歳ばんざい 만세 番地ばんち 번지		
ひ 悲・皮・被・飛・否 秘・費	悲劇ひげき 비극 皮肉ひにく 비꼼, 빈정거림 被害ひがい 피해 飛行ひこう 비행 否定ひてい 부정 秘密ひみつ 비밀 費用ひよう 비용	皮膚ひふ 피부 可否かひ 가부 経費けいひ 경비	 否認ひにん 부인
び 美	美人びじん 미인	美容びよう 미용	
ひつ 筆	筆記ひっき 필기	筆者ひっしゃ 필자	
びん 便	便箋びんせん 편지지		
ふ 父・婦・負・普	父母ふぼ 부모 婦人ふじん 부인, 여성 負担ふたん 부담 普通ふつう 보통	 夫婦ふうふ 부부 普及ふきゅう 보급	 普段ふだん 보통, 평소
ぶ 武・舞	武器ぶき 무기 舞台ぶたい 무대	武士ぶし 무사	

ふう 風・封	風景ふうけい 풍경 封筒ふうとう 봉투	風船ふうせん 풍선
ふく 服・副	服装ふくそう 복장 副詞ふくし 부사	制服せいふく 제복
ふん 噴	噴火ふんか 분화	噴水ふんすい 분수
へい 閉・兵	閉会へいかい 폐회 兵隊へいたい 병대, 군대	閉店へいてん 폐점
べつ 別	別荘べっそう 별장	差別さべつ 차별
へん 変・編	変化へんか 변화 編集へんしゅう 편집	変更へんこう 변경 編入へんにゅう 편입	短編たんぺん 단편
べん 便・弁	便所べんじょ 변소 弁当べんとう 도시락		
ほ 歩	歩道ほどう 보도	徒歩とほ 도보
ぼ 募	募集ぼしゅう 모집	急募きゅうぼ 급모	応募おうぼ 응모
ほう 法・包・報・豊・宝	法則ほうそく 법칙 包装ほうそう 포장 報告ほうこく 보고 豊富ほうふ 풍부 宝石ほうせき 보석	法律ほうりつ 법률 包帯ほうたい 붕대 予報よほう 예보 豊作ほうさく 풍작	包丁ほうちょう 식칼 報道ほうどう 보도
ぼう 貿・冒	貿易ぼうえき 무역 冒険ぼうけん 모험		
ほく 北	北極ほっきょく 북극	北海道ほっかいどう 홋카이도
ぼく 牧	牧場ぼくじょう 목장	牧畜ぼくちく 목축
ほん 本	本人ほんにん 본인	本部ほんぶ 본부	本来ほんらい 본래
ぼん 盆	盆地ぼんち 분지	お盆ぼん 추석, 쟁반
ま 摩	摩擦まさつ 마찰		
まい 毎・枚	毎度まいど 매번, 항상 枚数まいすう 매수, 장수		

まん 万	万一まんいち 만일
み 未・魅	未満みまん 미만 　　　　　　未来みらい 미래 魅力みりょく 매력
みん 民	民間みんかん 민간 　　　　　　民謡みんよう 민요
みょう 名	名字みょうじ 성
む 夢・矛	夢中むちゅう 열중함, 푹 빠짐 矛盾むじゅん 모순
めい 迷・命	迷惑めいわく 민폐, 귀찮음 　　　迷信めいしん 미신 命令めいれい 명령 　　　　　　生命せいめい 생명
めん 免・面	免許めんきょ 면허 　　　　　　免税めんぜい 면세 面積めんせき 면적 　　　　　　面接めんせつ 면접
も 模	模様もよう 모양
もう 毛	毛布もうふ 모포, 담요
もく 木・目	木材もくざい 목재 　　　　　　木曜もくよう 목요일 目次もくじ 목차 　　　　　目的もくてき 목적 　　　目標もくひょう 목표
もん 文・問	文句もんく 불평, 불만 問答もんどう 문답 　　　　　　訪問ほうもん 방문
や 夜	夜間やかん 야간 　　　　　　夜行やこう 야행
やく 役・約・薬	役者やくしゃ 배우 　　　　役所やくしょ 관청 　　　主役しゅやく 주역 約束やくそく 약속 薬品やくひん 약품 　　　　薬局やっきょく 약국
ゆ 油	油断ゆだん 방심, 부주의
ゆい 唯	唯一ゆいいつ 유일
ゆう 夕・勇・優・郵	夕刊ゆうかん 석간 勇気ゆうき 용기 優勝ゆうしょう 우승 　　　　優先ゆうせん 우선 　　　俳優はいゆう 배우 郵送ゆうそう 우송 　　　　郵便ゆうびん 우편
よ 余	余分よぶん 여분 　　　　　　余裕よゆう 여유

よう 曜・幼・羊・様・養	曜日 ようび 요일 幼稚園 ようちえん 유치원　　幼児 ようじ 유아 羊毛 ようもう 양모, 양털 様子 ようす 모습 養分 ようぶん 양분　　栄養 えいよう 영양
らく 落	落第 らくだい 낙제
り 利・離	利益 りえき 이익　　利害 りがい 이해(이익과 손해) 離婚 りこん 이혼
りゅう 流・留	流行 りゅうこう 유행　　流域 りゅういき 유역 留学 りゅうがく 유학
りょう 料・領	料金 りょうきん 요금 領事 りょうじ 영사　　領収書 りょうしゅうしょ 영수증　大統領 だいとうりょう 대통령
りん 臨	臨時 りんじ 임시
れい 礼・例	礼儀 れいぎ 예의 例外 れいがい 예외
れん 煉	煉瓦 れんが 벽돌
ろう 老・労	老人 ろうじん 노인 労働 ろうどう 노동　　苦労 くろう 고생
ろく 録	録音 ろくおん 녹음　　記録 きろく 기록
わ 話	話題 わだい 화제, 이야깃거리　会話 かいわ 회화

한자 훈독 1 - 명사

合図 あいず 신호

相手 あいて 상대

明け方 あけがた 새벽

足跡 あしあと 발자국, 발자취, 종적

足元 あしもと 발 밑, 발걸음

明日 あす 내일

汗 あせ 땀

宛名 あてな 수취인 성명

油 あぶら 기름

雨戸 あまど (비바람을 막기 위한) 덧문

編物 あみもの 편물, 뜨개질

誤り あやまり 잘못

息 いき 숨

勢い いきおい 기세

生け花 いけばな 꽃꽂이

生き物 いきもの 생물, 살아 있는 것

市場 いちば 시장

泉 いずみ 샘

糸 いと 실

井戸 いど 우물

田舎 いなか 시골

命 いのち 목숨, 생명

居間 いま 거실

岩 いわ 바위

植木 うえき 정원수, 분재

打ち合わせ うちあわせ 사전 논의, 회의

腕 うで 팔

裏口 うらぐち 뒷문

売れ行き うれゆき 팔림새, 팔리는 상태

笑顔 えがお 웃는 얼굴

枝 えだ 나뭇가지

絵の具 えのぐ 그림물감

王様 おうさま 왕, 임금

大通り おおどおり 큰 길, 대로

大家 おおや 집주인

奥 おく 속, 안

奥様 おくさま (상대방의) 부인

叔父 おじ 숙부

夫 おっと 남편

叔母 おば 숙모

お巡りさん おまわりさん 순경

思い出 おもいで 추억

表 おもて 겉, 앞

親指 おやゆび 엄지손가락

書留 かきとめ 등기(우편)

垣根 かきね 담, 울타리	首 くび 목
掛け算 かけざん 곱셈	組合 くみあい 조합
貸し出し かしだし 대출	組み合わせ くみあわせ 짜맞추기, 짜맞춘 것
貸家 かしや 셋집	雲 くも 구름
肩 かた 어깨	毛糸 けいと 털실
形 かたち 모양	毛皮 けがわ 모피
片道 かたみち 편도	今朝 けさ 오늘 아침
仮名 かな 가나	景色 けしき 경치
壁 かべ 벽	煙 けむり 연기
神 かみ 신	恋 こい 사랑
髪の毛 かみのけ 머리털, 머리카락	恋人 こいびと 연인
神様 かみさま 신, 하느님	心当たり こころあたり 짚이는 데, 짐작이 가는 곳
為替 かわせ 환	腰 こし 허리
勘違い かんちがい 착각	小包 こづつみ 소포
缶詰 かんづめ 통조림	粉 こな 가루
着替え きがえ 옷을 갈아입음, 갈아입을 옷	今年 ことし 올해
岸 きし 강가	小麦 こむぎ 밀
生地 きじ 직물, 본바탕, 본성	米 こめ 쌀
昨日 きのう 어제	小屋 こや 오두막집
切符 きっぷ 표	小指 こゆび 새끼손가락
客間 きゃくま 객실, 응접실	献立 こんだて 메뉴
薬指 くすりゆび 약지	幸い さいわい 다행
口紅 くちべに 입술연지, 립스틱	坂 さか 비탈, 언덕

境さかい 경계	砂すな 모래
逆様さかさま 거꾸로 됨, 반대로 됨	隅すみ 구석
酒場さかば 술집	相撲すもう 스모
先程さきほど 아까, 조금 전	背中せなか 등
座敷ざしき 일본의 다다미방, 객실	底そこ 바닥
刺身さしみ 생선회	田植えたうえ 모내기
幸せしあわせ 행복	互いたがい 서로, 상호
塩しお 소금	竹たけ 대나무
時間割じかんわり 시간표	谷たに 계곡
下書きしたがき 초고, 초안	立場たちば 입장
下町したまち 상인이나 장인들이 많이 사는 지역.	種たね 씨, 종자
品物しなもの 물건, 상품	束たば 다발
支払いしはらい 지불, 지급	旅たび 여행
芝居しばい 연극	父親ちちおや 아버지
芝生しばふ 잔디밭	近頃ちかごろ 요즘, 최근
白髪しらが 흰머리	一日ついたち 일일, 초하루
印しるし 표시	月日つきひ 세월, 시일
城しろ 성	土つち 흙
素人しろうと 신출내기, 아마추어	粒つぶ 낱알, 알갱이
蛇口じゃぐち 수도꼭지	罪つみ 죄
末すえ 끝, 마지막	梅雨つゆ 장마
姿すがた 모습	出会いであい 만남
末っ子すえっこ 막내	出入り口でいりぐち 출입구

手入れてぃれ 손질

出来事できごと 사건, 일어난 일

手首てくび 손목

凸凹でこぼこ 울퉁불퉁

手品てじな 마술

手帳てちょう 수첩

手続きてつづき 수속

手間てま 수고, 번거로움

手前てまえ 자기 앞, 체면

出迎えでむかえ 마중

寺てら 절

問い合わせといあわせ 문의

年月としつき 세월, 오랫동안

戸棚とだな 찬장

泥どろ 진흙

仲なか 사이

仲直りなかなおり 화해

半ばなかば 중반, 절반

仲間なかま 동료

中身なかみ 내용물, 알맹이

中味なかみ 내용물, 알맹이

中指なかゆび 가운뎃손가락

生なま 날것

波なみ 파도

並木なみき 가로수

涙なみだ 눈물

苦手にがて 자신 없음, 서투름

荷物にもつ 짐

布ぬの 천

根ね 뿌리

値段ねだん 가격

灰色はいいろ 회색

博士はかせ 박사

吐き気はきけ 토기, 구역질

歯車はぐるま 톱니바퀴

橋はし 다리

柱はしら 기둥

肌はだ 살갗, 피부

肌着はだぎ 속옷, 내부

畑はたけ 밭

花火はなび 불꽃놀이

花嫁はなよめ 신부

羽はね 날개

幅はば 폭

母親ははおや 모친, 어머니

歯磨きはみがき 양치질

場面 ばめん 장면, 상황	踏み切り ふみきり 건널목, 결단
早口 はやくち 말이 빠름	振り仮名 ふりがな 후리가나
林 はやし 숲, 수풀	星 ほし 별
腹 はら 배	骨 ほね 뼈
針 はり 바늘	本物 ほんもの 가짜가 아닌 것, 진짜
針金 はりがね 철사	迷子 まいご 미아
判子 はんこ 도장	孫 まご 손자
日当たり ひあたり 볕이 듦, 양지바른 곳	待合室 まちあいしつ 대합실
日帰り ひがえり 당일치기 나들이	街角 まちかど 길모퉁이, 길거리
陽射し ひざし 햇살, 볕	真っ赤 まっか 새빨감
額 ひたい 이마	真っ青 まっさお 새파람
日付 ひづけ 날짜	窓口 まどぐち 창구
一言 ひとこと 한마디	実 み 열매
一通り ひととおり 한차례, 대충, 대강	見方 みかた 견해, 보는 방법
人通り ひとどおり 사람의 왕래	味方 みかた 자기편, 아군
独り言 ひとりごと 혼잣말	水着 みずぎ 수영복
昼寝 ひるね 낮잠	店屋 みせや 가게, 상점
広場 ひろば 광장	道順 みちじゅん 순서, 코스, 절차
袋 ふくろ 봉지, 주머니	緑 みどり 녹색
双子 ふたご 쌍둥이	港 みなと 항구
船 ふね 배	身分 みぶん 신분
船便 ふなびん 배편	土産 みやげ (여행지 등에서 사오는) 선물
吹雪 ふぶき 눈보라	虫歯 むしば 충치

息子 むすこ 아들

娘 むすめ 딸

胸 むね 가슴

村 むら 마을

目上 めうえ 지위·연령 등이 위임, 윗사람

眼鏡 めがね 안경

目下 めした 지위·연령 등이 아래임, 아랫사람

目印 めじるし 안표, 표지, 목표물

目安 めやす 기준, 목표

物置 ものおき 물건을 두는 곳, 광

物音 ものおと (무슨) 소리

物事 ものごと 사물, 세상사

紅葉 もみじ 단풍

物語 ものがたり 이야기, 전설, 설화

三日月 みかづき 초승달

見出し みだし 표제, 표제어, 목차

見本 みほん 견본

見舞い みまい 병문안

目覚まし めざまし 잠을 깸

木綿 もめん 면

森 もり 숲

八百屋 やおや 채소 가게, 채소 장수

役目 やくめ 역할

家賃 やちん 집세

家主 やぬし 집주인

屋根 やね 지붕

夕立 ゆうだち 소나기

夕日 ゆうひ 저녁 노을. 석양

床 ゆか 마루, 바닥

浴衣 ゆかた 목욕 후나 여름에 입는 홑옷

行方 ゆくえ 행방

湯気 ゆげ 김, 수증기

矢印 やじるし 화살표

行方 ゆくえ 행방

役割 やくわり 역할

夜明け よあけ 날이 밝음, 새벽, 새벽녘

夜中 よなか 한밤중

世の中 よのなか 세상, 세간, 시대

両替 りょうがえ 환전

両側 りょうがわ 양측

輪 わ 원, 고리

悪口 わるぐち 뒷말, 험담

我々 われわれ 우리들

割合 わりあい 비율

割引 わりびき 할인

한자 훈독 2 – 동사

飽きる あきる 질리다, 물리다

味わう あじわう 맛보다

預ける あずける 맡기다

預かる あずかる 맡다

焦る あせる 초조해 하다

暖める／温める あたためる 따뜻하게 하다, 데우다

扱う あつかう 취급하다, 다루다

余る あまる 남다

編む あむ 뜨다, 짜다, 편집하다

争う あらそう 다투다, 경쟁하다

改める あらためる 고치다, 개정하다, 다시하다

現れる あらわれる 나타나다

表す あらわす (감정 등을) 나타내다, 띠다

現す あらわす (모습·모양을) 나타내다, 드러내다

著す あらわす 저술하다

荒れる あれる 거칠어지다

痛む いたむ 아프다

至る いたる 이르다

祝う いわう 축하하다

飢える うえる 굶주리다

伺う うかがう 여쭙다, 찾아뵙다

承る うけたまわる 받다·듣다의 겸양어

薄める うすめる 엷게(묽게) 하다, (맛을) 싱겁게 하다

訴える うったえる 호소하다, 기소하다

映る うつる 비치다

移る うつる 옮다, 옮겨지다

写る うつる 찍히다

肯く うなずく 수긍하다, 끄덕이다

奪う うばう 빼앗다

埋める うめる 묻다, 파묻다

敬う うやまう 존경하다, 높이다

裏切る うらぎる 배신하다

占う うらなう 점 보다

恨む うらむ 원망하다

描く えがく 그리다

選ぶ えらぶ 고르다

追う おう 쫓다

覆う おおう 덮다

犯す おかす 어기다, 범하다, 저지르다, 모독하다

補う おぎなう 보충하다

贈る おくる 선물하다

押さえる おさえる 누르다

納める おさめる 납부하다

収める おさめる 거두다

恐れる おそれる 두려워하다

踊る_{おどる} 춤추다	腐る_{くさる} 썩다
溺れる_{おぼれる} 물에 빠지다, 열중하다	崩れる_{くずれる} 무너지다／崩す_{くずす} 무너뜨리다
及ぼす_{およぼす} 미치다	配る_{くばる} 나눠주다, 배분하다
替える_{かえる} 바꾸다, 교환하다	組む_{くむ} 짜다, 조직하다
代える_{かえる} 바꾸다, 대신하다	悔やむ_{くやむ} 후회하다
変える_{かえる} 바꾸다, 변화시키다	暮らす_{くらす} 살아가다, 생활하다
抱える_{かかえる} (짐, 고민, 문제 등) 안다	狂う_{くるう} 미치다, 잘못되다
隠れる_{かくれる} 숨다	苦しむ_{くるしむ} 힘들어하다, 고통스러워하다
輝く_{かがやく} 빛나다	加わる_{くわわる} 더해지다／加える_{くわえる} 더하다, 보태다
欠ける_{かける} 결하다, 부족하다	削る_{けずる} 깎다, 삭감하다
囲む_{かこむ} 둘러싸다	凍る_{こおる} 얼다
重ねる_{かさねる} 거듭하다, 겹치다	焦げる_{こげる} 까맣게타다／焦がす_{こがす} 태우다
稼ぐ_{かせぐ} 벌다, 득점하다	言付ける_{ことづける} 전언하다, 말을 전하다
数える_{かぞえる} 세다	断る_{ことわる} 거절하다
固まる_{かたまる} 굳어지다	好む_{このむ} 즐겨 하다, 선호하다
傾く_{かたむく} 기울어지다	転ぶ_{ころぶ} 넘어지다
偏る_{かたよる}／片寄る_{かたよる} 기울다, 편중되다	探す_{さがす} (원하는 것을) 찾다
語る_{かたる} 말하다, 이야기하다	捜す_{さがす} (보이지 않는 것을) 찾다, 수색하다
枯れる_{かれる} 마르다, 말라 죽다	逆らう_{さからう} 거역하다, 역행하다
乾かす_{かわかす} 말리다	探る_{さぐる} 탐색하다
乾く_{かわく}／渇く_{かわく} 건조해지다, 마르다	叫ぶ_{さけぶ} 외치다
効く_{きく} 효과를 발휘하다	支える_{ささえる} 지탱하다, 지지하다
刻む_{きざむ} 다지다, 잘게 썰다	指す_{さす} 가리키다, 지적하다

刺す さす 찌르다	備える そなえる 준비하다, 구비하다, 대비하다
誘う さそう 청하다, 초대하다	倒れる たおれる 쓰러지다 / 倒す たおす 쓰러뜨리다
錆びる さびる 녹슬다	耕す たがやす 경작하다, (논밭을) 갈다
覚める さめる 깨다 / 覚ます さます 자각하다	抱く だく 안다
冷める さめる 식다 / 冷ます さます 식히다	確かめる たしかめる 확인하다
妨げる さまたげる 방해하다	携わる たずさわる 종사하다, 관계하다
触る さわる 손대다, 만지다	戦う たたかう 싸우다
従う したがう 따르다	達する たっする 달하다
支払う しはらう 지불하다	試す ためす 시험하다
沈む しずむ 잠기다	貯める ためる 돈을 모으다
占める しめる 차지하다, 점하다	頼る たよる 의지하다
湿る しめる 습기 차다, 눅눅해지다	縮む ちぢむ 줄어들다, 수축되다
生じる しょうじる 생기다, 발생하다	散らかる ちらかる 어질러지다 / 散らかす ちらかす 어지르다
吸う すう 빨아들이다, 피우다	通じる つうじる 통하다
優れる すぐれる 뛰어나다, 우수하다	捕まえる つかまえる 잡다, 붙잡다
捨てる すてる 버리다	次ぐ つぐ 버금가다, 잇따르다
勧める すすめる 권하다	注ぐ つぐ (액체를) 따르다
進める すすめる 진행하다	造る つくる 만들다
背負う せおう 업다, 짊어지다	努める つとめる 노력하다
責める せめる 질책하다	積む つむ 쌓다, 싣다
攻める せめる 공격하다	積もる つもる 쌓이다
属する ぞくする 속하다	照らす てらす 비추다
注ぐ そそぐ 따르다, 쏟다	解く とく 풀다 / 溶く とく 녹이다

届く とどく 배달되다, 닿다 / 届ける とどける 배달하다

整う ととのう 갖춰지다 / 整える ととのえる 정비하다, 갖추다

伴う ともなう 동반하다, 수반하다

直る なおる 고쳐지다 / 直す なおす 고치다

治る なおる 낫다 / 治す なおす 낫게 하다

慰める なぐさめる 위로하다

投げる なげる 던지다

慣れる なれる 익숙해지다

逃げる にげる 도망가다, 피하다

盗む ぬすむ 훔치다

塗る ぬる 바르다

願う ねがう 바라다

狙う ねらう 노리다

逃す のがす 놓치다

除く のぞく 제외하다, 제거하다

望む のぞむ 바라다, 전망하다

伸びる のびる 뻗다, 신장되다 / 伸ばす のばす 기르다, 신장하다

延びる のびる 연기되다 / 延ばす のばす 연기시키다

述べる のべる 서술하다, 진술하다

登る のぼる 오르다

生える はえる 돋아나다

測る はかる 부피·무게 등을 재다

掃く はく 쓸다

吐く はく 뱉다, 토하다

外れる はずれる 벗어나다, 빗나가다

省く はぶく 줄이다, 생략하다

罰する ばっする 벌하다

離れる はなれる 떨어지다, 멀어지다

張る はる 팽팽해지다

響く ひびく 울리다

拭く ふく 닦다

含む ふくむ 포함하다 / 含める ふくめる 포함하다

防ぐ ふせぐ 막다, 방지하다

触れる ふれる 접하다, 접촉하다

減る へる 줄어들다

干す ほす 말리다

掘る ほる 파다

任せる まかせる 맡기다

負ける まける 지다

混ざる まざる 섞이다 / 混ぜる まぜる 섞다

交ざる まざる 섞이다 / 交じる まじる 섞이다

増す ます 늘리다, 정도를 높이다

学ぶ まなぶ 배우다

招く まねく 초대하다, 불러들이다

迷う まよう 헤매다

磨く みがく 연마하다, 닦다

乱れる みだれる 흐트러지다

満ちる みちる 차다, 채워지다

認める みとめる 인정하다, 높이 평가하다

実る みのる 열매 맺다

見舞う みまう 문안하다, 문병하다

迎える むかえる 맞이하다, 마중하다

剥く むく (껍질 등을) 벗기다

蒸す むす 찌다

結ぶ むすぶ 연결하다, 잇다

命ずる めいずる 명령하다, 임명하다

目指す めざす 목표로 하다, 겨냥하다

恵まれる めぐまれる 혜택 받다, 풍부하다

巡る めぐる 돌다, 둘러싸다

設ける もうける 설치하다, 마련하다

燃える もえる 타다

用いる もちいる 이용하다, 채용하다, 채택하다

戻す もどす 되돌리다, 돌려놓다

基づく もとづく 기인하다, 기초하다

求める もとめる 추구하다, 요구하다

盛る もる (그릇에) 담다, 쌓아 올리다

雇う やとう 고용하다

破れる やぶれる 찢어지다, 깨지다

敗れる やぶれる 패하다

辞める やめる 그만두다, 사임하다

許す ゆるす 용서하다, 허락하다

寄る よる 들르다, 접근하다

한자 훈독 3 – い형용사

浅い_{あさい} 얕다, 정도가 낮다

危うい_{あやうい} 위태롭다, 위험하다

荒い_{あらい} 거칠다, 난폭하다

勇ましい_{いさましい} 용감하다, 활기차다

偉い_{えらい} 위대하다, 잘나다

幼い_{おさない} 어리다

惜しい_{おしい} 애석하다, 안타깝다

恐ろしい_{おそろしい} 무섭다, 두렵다

辛い_{からい} 맵다, 짜다

賢い_{かしこい} 영리하다, 약삭빠르다

清い_{きよい} 맑다, 결백하다

苦しい_{くるしい} 답답하다, 고통스럽다

悔しい_{くやしい} 분하다, 후회스럽다

詳しい_{くわしい} 자세하다, 잘 알다

険しい_{けわしい} 험악하다, 위급하다

濃い_{こい} (빛깔·맛·냄새·농도 등이) 진하다

騒がしい_{さわがしい} 시끄럽다, 뒤숭숭하다

親しい_{したしい} 친하다

鋭い_{するどい} 날카롭다, 예리하다

騒々しい_{そうぞうしい} 시끄럽다

頼もしい_{たのもしい} 믿음직스럽다

懐かしい_{なつかしい} 그립다

苦い_{にがい} (맛이) 쓰다, 싫다

憎い_{にくい} 밉다, 얄밉다, 밉살스럽다

鈍い_{にぶい} 둔하다, 굼뜨다, 느리다

激しい_{はげしい} 격렬하다, 심하다

等しい_{ひとしい} 동일하다, 흡사하다

空しい_{むなしい} 허무하다, 헛되다

珍しい_{めずらしい} 진기하다, 드물다

柔らかい_{やわらかい} 부드럽다, 폭신폭신하다

緩い_{ゆるい} 느슨하다, 헐렁하다

한자 훈독 4 - な형용사

明らかな あきらかな 명백한

新たな あらたな 새로운

安易な あんいな 안이한, 손쉬운

意地悪な いじわるな 심술궂은

穏やかな おだやかな 온화한

主な おもな 주된

器用な きような 손재주가 많은

下品な げひんな 품위 없는

厳重な げんじゅうな 엄중한

強引な ごういんな 억지인, 무리한

豪華な ごうかな 호화로운

爽やかな さわやかな 상쾌한, 명쾌한

幸せな しあわせな 행복한

地味な じみな 수수한

正直な しょうじきな 정직한, 솔직한

上品な じょうひんな 품위있는

真剣な しんけんな 진지한

深刻な しんこくな 심각한

素直な すなおな 순진한, 솔직한

率直な そっちょくな 솔직한

粗末な そまつな 조촐한, 변변치 않은

退屈な たいくつな 심심한, 따분한

平らな たいらな 평평한

妥当な だとうな 타당한

強気な つよきな 기가 센, 강경한

丁寧な ていねいな 정중한, 정성스러운

的確な てきかくな 적확한

苦手な にがてな 자신 없는, 서툰

莫大な ばくだいな 막대한

派手な はでな 화려한

卑怯な ひきょうな 비겁한

皮肉な ひにくな 얄궂은

微妙な びみょうな 미묘한

不思議な ふしぎな 신기한

無事 ぶじな 무사한

物騒な ぶっそうな 뒤숭숭한, 시끄러운

豊富な ほうふな 풍부한

膨大な ぼうだいな 방대한

真っ青な まっさおな 새파란

稀な まれな 드문

見事な みごとな 훌륭한, 뛰어난

惨めな みじめな 비참한, 참담한

妙な みょうな 묘한

無駄な むだな 소용없는, 헛된, 낭비인

面倒な めんどうな 귀찮은

愉快な ゆかいな 유쾌한	
豊かな ゆたかな 풍부한	
容易な よういな 용이한, 손쉬운	
陽気な ようきな 밝은, 쾌활한	
余計な よけいな 쓸데없는	
幼稚な ようちな 유치한	
利口な りこうな 영리한, 똑똑한	
立派な りっぱな 훌륭한	

한자 훈독 5 - 부사

案外 あんがい 의외로

一応 いちおう 일단, 우선

一段と いちだんと 한층 더, 훨씬

一斉に いっせいに 일제히

必ずしも かならずしも 반드시~인 것은 아니다

現に げんに 실제로, 현실로

幸い さいわい 다행히

直に じかに 직접(으로), 바로

次第に しだいに 점차, 차츰

徐々に じょじょに 서서히

相当 そうとう 상당히

続々 ぞくぞく 연이어, 잇달아

絶えず たえず 끊임없이

確か たしか 분명히(과거 기억이 확실치 않음)

単なる たんなる 단순한

単に たんに 단순히, 단지, 그저

次々に つぎつぎに 계속해서, 차례로

常に つねに 늘, 항상

突然 とつぜん 돌연, 갑자기

万一 まんいち 만일

問題1 _____の言葉の読み方として最もよいものを、1・2・3・4から一つ選びなさい。

1 あのチームが勝つ確率は10分の1だ。
    1 かくそつ   2 かくりつ   3 ひりつ   4 ひそつ

2 困っているときに助けてくれた駅員さんがとても親切で感激した。
    1 かんどう   2 かんげき   3 かんしゃ   4 かんじょう

3 未来の自分を空想してみた。
    1 くうそう   2 くそう   3 こうそう   4 こそう

4 寄付金を集計すると1千万円になった。
    1 しゅけい   2 しゅうけい   3 ごけい   4 ごうけい

5 予定に変更はない。
    1 へんか   2 へんこう   3 へんせん   4 へんどう

6 ここは公共の施設なので誰でも利用できます。
    1 きょうこう   2 きょうこ   3 こうきょう   4 こうきょ

7 アンケート調査の結果を参考にして報告書を作成した。
    1 さんこう   2 さんこ   3 ざんこ   4 ざんこう

8 日本語能力試験は年2回実施される。
    1 しつし   2 しっし   3 じつし   4 じっし

9 最近は不景気で収入が減る一方だ。
    1 しゅにゅ   2 しゅにゅう   3 しゅうにゅ   4 しゅうにゅう

10 新製品は順調に売れている。
    1 じゅんじょ   2 じゅんちょう   3 じゅんばん   4 じゅんじ

1 　彼の部屋には上下が逆の時計がかけてある。
　　1　じょげ　　　　　2　じょうげ　　　　　3　じょか　　　　　4　じょうか

2 　先月の電気の消費量が多いのに驚いた。
　　1　しょうか　　　　2　しょうひ　　　　　3　しょうどく　　　4　しょうもう

3 　家庭での教育方針が子供の将来に影響を与える。
　　1　ほうこう　　　　2　ほうしん　　　　　3　ほうがく　　　　4　ほうほう

4 　草についている水滴の写真をとった。
　　1　みずけ　　　　　2　すいぶん　　　　　3　すいとう　　　　4　すいてき

5 　あの歌手の先祖は有名な政治家だった。
　　1　せんそ　　　　　2　せんそう　　　　　3　せんぞ　　　　　4　せんぞう

6 　この辺りでは3月の中旬になると桜の花が咲き始める。
　　1　ちゅうかん　　　2　ちゅうおう　　　　3　ちゅうじゅん　　4　ちゅうしん

7 　このキーを押すとパソコンの画面の明るさが調節できます。
　　1　ちょうさ　　　　2　ちょうせい　　　　3　ちょうてい　　　4　ちょうせつ

8 　グループを代表して一言言わせていただきます。
　　1　たいひょ　　　　2　たいひょう　　　　3　だいひょ　　　　4　だいひょう

9 　子供が算数の宿題をするときは、電卓を使わせないようにしている。
　　1　でんし　　　　　2　でんきゅう　　　　3　でんたく　　　　4　でんち

10 　これは伝染する病気じゃないから学校に行ってもいいですよ。
　　1　でんき　　　　　2　でんとう　　　　　3　でんたつ　　　　4　でんせん

問題3 _____の言葉の読み方として最もよいものを、1・2・3・4から一つ選びなさい。

1 将来独立して自分の店を持つために、毎日がんばっている。
　　1 とくりつ　　　2 どくりつ　　　3とくしん　　　4 どくしん

2 わが国はその国と友好的な関係にある。
　　1 ゆこ　　　　　2 ゆうこ　　　　3 ゆこう　　　　4 ゆうこう

3 交流会への出席の有無は同封の葉書にてお知らせください。
　　1 ゆむ　　　　　2 ゆうむ　　　　3 うむ　　　　　4 うぶ

4 水平線に漁船の明かりが見えた。
　　1 ぎょせん　　　2 ぎょうせん　　3 りょせん　　　4 りょうせん

5 食べ物を口に入れてしゃべるのは行儀の悪いことだ。
　　1 こうぎ　　　　2 ぎょうぎ　　　3 こうい　　　　4 ぎょうい

6 この地方の主な作物は大根とすいかだそうだ。
　　1 さくぶつ　　　2 さくもつ　　　3 さぶつ　　　　4 さもつ

7 次の図形の面積を求めなさい。
　　1 とけい　　　　2 とうけい　　　3 ずけい　　　　4 ずうけい

8 正午のニュースをお伝えします。
　　1 しょうご　　　2 しょご　　　　3 せいご　　　　4 せご

9 彼女は女性としては初めての国防大臣となった。
　　1 たいしん　　　2 たいじん　　　3 だいしん　　　4 だいじん

10 作業に新しい方法を取り入れたら能率が上がった。
　　1 のうそつ　　　2 のうりつ　　　3 ひそつ　　　　4 ひりつ

問題4 ＿＿＿＿の言葉の読み方として最もよいものを、1・2・3・4から一つ選びなさい。

1　同じ漢字でも読み方が違う名字もある。
　　1　なじ　　　　　　2　めいじ　　　　　　3　みょうじ　　　　　4　かくじ

2　漁師が魚がよく釣れる場所を教えてくれた。
　　1　ぎょふ　　　　　2　ぎょし　　　　　　3　りょうふ　　　　　4　りょうし

3　このくつは雨や雪でもすべらないように工夫がしてあります。
　　1　こうふう　　　　2　こうふ　　　　　　3　くふう　　　　　　4　くふ

4　貴重品はフロントにお預けください。
　　1　きじゅう　　　　2　きちょう　　　　　3　しんじゅう　　　　4　しんちょう

5　朝から頭痛がひどくて、学校を休んでしまった。
　　1　とうつ　　　　　2　とうつう　　　　　3　ずつ　　　　　　　4　ずつう

6　ホテルの窓から見下ろした街の景色がとてもきれいだった。
　　1　けいしき　　　　2　けしき　　　　　　3　きょうしき　　　　4　きょしき

7　人間は常に自然の恵みを受けて生きている。
　　1　しぜん　　　　　2　じぜん　　　　　　3　しねん　　　　　　4　じねん

8　この辺は地盤が弱いから、地震のとき危ない。
　　1　ちばん　　　　　2　ちはん　　　　　　3　じばん　　　　　　4　じはん

9　このプリンターは操作が簡単なうえに、表示も見やすくなっている。
　　1　そうさく　　　　2　そうさ　　　　　　3　そさく　　　　　　4　そさ

10　見ず知らずの人に携帯番号を教えたのは軽率だった。
　　1　けいりつ　　　　2　けいそつ　　　　　3　かるりつ　　　　　4　かるそつ

問題5 _____の言葉の読み方として最もよいものを、1・2・3・4から一つ選びなさい。

1 　私は大学に通うため、親元を離れて下宿をしている。
　　　　1 かしゅく　　　　2 かやど　　　　　　3 げしゅく　　　　　4 げやど

2 　10時に運動場に集合してください。
　　　　1 しゅご　　　　　2 しゅうご　　　　　3 しゅごう　　　　　4 しゅうごう

3 　今朝コンビニをおそった強盗はまだつかまっていないようだ。
　　　　1 きょうとう　　　2 きょうと　　　　　3 ごうとう　　　　　4 ごうと

4 　大統領はテレビで国民に向けた演説を行った。
　　　　1 えんせつ　　　　2 えんぜつ　　　　　3 えんぎ　　　　　　4 えんげき

5 　日本はいろいろな分野で欧米に見習った。
　　　　1 くまい　　　　　2 くべい　　　　　　3 おうまい　　　　　4 おうべい

6 　夫は今年、5回目の禁煙宣言をした。
　　　　1 きねん　　　　　2 きんねん　　　　　3 きえん　　　　　　4 きんえん

7 　支配人に料理が冷めていると苦情を言った。
　　　　1 くうせい　　　　2 くじょう　　　　　3 くじょ　　　　　　4 くせい

8 　2で割り切れる数を偶数という。
　　　　1 きすう　　　　　2 ぎすう　　　　　　3 ぐすう　　　　　　4ぐうすう

9 　先日スーパーに行ったら、当選者の番号が掲示されていた。
　　　　1 けいし　　　　　2 けいじ　　　　　　3 ひょうじ　　　　　4 ひょうしき

10 　この宝石を身につけると幸福を呼び寄せるといわれている。
　　　　1 こふく　　　　　2 こうふく　　　　　3 ごふく　　　　　　4 ごうふく

問題6 ＿＿＿＿の言葉の読み方として最もよいものを、1・2・3・4から一つ選びなさい。

1 100年の歴史をほこるこの会社は、さまざまな経営危機を克服して成長してきた。
　　1 きょくふく　　　2 しゅくふく　　　3 こくふく　　　4 ようふく

2 これはもともと砂漠の植物なので、雨の少ない地域でもよく育つ。
　　1 さまく　　　　　2 さばく　　　　　3 しゃばく　　　4 しゃまく

3 出産してから育児に追われる生活をしている。
　　1 きょういく　　　2 いくせい　　　　3 いくじ　　　　4 いくに

4 あの殺人事件の犯人は現場で逮捕された。
　　1 たいほ　　　　　2 たいほう　　　　3 だいほ　　　　4 だいほう

5 インドで1500人が乗った列車が脱線する事故があった。
　　1 たつせん　　　　2 たっせん　　　　3 だつせん　　　4 だっせん

6 「うちの大切な子供をしかるな」と教師に文句を言う、常識のない親もいる。
　　1 ちしき　　　　　2 にんしき　　　　3 じょうしき　　4 はくしき

7 ラッシュアワーを過ぎたからか、車内に乗客はあまりいなかった。
　　1 しょきゃく　　　2 しょうきゃく　　3 じょきゃく　　4 じょうきゃく

8 この地域では、冬、雪の中に野菜を貯蔵しておくそうだ。
　　1 ちょきん　　　　2 ちょうきん　　　3 ちょぞう　　　4 ちょうぞう

9 透明人間になったら、まず最初に何がしたいですか。
　　1 そうめい　　　　2 けんめい　　　　3 ゆうめい　　　4 とうめい

10 統計によると前年より失業率が1％下がったそうだ。
　　1 ごうけい　　　　2 るいけい　　　　3 とうけい　　　4 そうけい

問題7 _____の言葉の読み方として最もよいものを、1・2・3・4から一つ選びなさい。

1 雨が激しくなってきたので、雨戸を閉めた。
　　1 あめど　　　　2 あまど　　　　3 あみど　　　　4 うど

2 家の新築のため、庭にあった井戸を埋めてしまった。
　　1 いど　　　　　2 いずみ　　　　3 さわ　　　　　4 あまど

3 駅の改札口を出ると、友だちが笑顔で迎えてくれた。
　　1 ほほえみ　　　2 まがお　　　　3 えがお　　　　4 わがお

4 片道航空券を買って日本へ来た。
　　1 かたみち　　　2 ちかみち　　　3 ほどう　　　　4 へんどう

5 手をふってあっちへ行けと彼に合図した。
　　1 ごうと　　　　2 ごうず　　　　3 あいと　　　　4 あいず

6 坂が急で登るのが大変だった。
　　1 おか　　　　　2 むら　　　　　3 さか　　　　　4 しろ

7 彼は帽子からうさぎを出す手品を披露した。
　　1 てびき　　　　2 てま　　　　　3 てじな　　　　4 てつづき

8 身分を証明するものを何かお持ちですか。
　　1 しんぶん　　　2 しんふん　　　3 みぶん　　　　4 みふん

9 彼女は怒っていなかった。単なる芝居だった。
　　1 ながい　　　　2 しばい　　　　3 しばふ　　　　4 じゅうきょ

10 つりに関してはまだまだ素人です。
　　1 しろうと　　　2 くろうと　　　3 たびびと　　　4 むらびと

問題8 ＿＿＿＿の言葉の読み方として最もよいものを、1・2・3・4から一つ選びなさい。

1 その手紙には、わが子の幸せを願う母親の気持ちが表れていた。

　　1 おとずれて　　　2 あらわれて　　　3 しめされて　　　4 あつかわれて

2 世界の飢えている子供たちを思うと心が痛む。

　　1 はえて　　　　　2 うえて　　　　　3 かかえて　　　　4 こえて

3 もうすぐ父の日だが、何を贈ろうか悩んでいる。

　　1 たよろう　　　　2 はかろう　　　　3 おくろう　　　　4 つくろう

4 あなたのためを思って忠告した友人を恨むべきではない。

　　1 うらむ　　　　　2 かこむ　　　　　3 はさむ　　　　　4 のぞむ

5 雨上がりの夜空に星が輝いていた。

　　1 かがやいて　　　2 やいて　　　　　3 はぶいて　　　　4 くだいて

6 汚れた皿は重ねないようにしてください。

　　1 じゅうねない　　2 おもねない　　　3 かさねない　　　4 つらねない

7 ハンバーグを作ろうとしてたまねぎを刻んでいたら、涙が出てきた。

　　1 きざんで　　　　2 はさんで　　　　3 かこんで　　　　4 つんで

8 街を歩いていると、ビラを配っている人をよく見かける。

　　1 くばって　　　　2 おくって　　　　3 わたって　　　4　かたって

9 味が濃いときには水を適量加えてください。

　　1 ささえて　　　　2 かかえて　　　　3 くわえて　　　　4 そえて

10 ビル火災の現場から「助けて！」という叫び声が聞こえた。

　　1 さけび　　　　　2 よび　　　　　　3 はこび　　　　　4 しのび

問題9 ＿＿＿の言葉の読み方として最もよいものを、1・2・3・4から一つ選びなさい。

1　最近の携帯電話は多くの機能を備えていて便利だ。
　　1 そろえて　　　　2 そなえて　　　　3 はえて　　　　4 くわえて

2　模擬テストをして、今の実力を試してみようと思う。
　　1 さがして　　　　2 なおして　　　　3 ためして　　　　4 ふやして

3　散りはじめた桜の花びらが池に浮いている。
　　1 きり　　　　2 ちり　　　　3 おり　　　　4 さり

4　冷蔵庫が壊れて、アイスクリームが溶けてしまった。
　　1 やけて　　　　2 むけて　　　　3 とけて　　　　4 ふけて

5　日々の努力が実って、国の代表としてオリンピックに出場することになった。
　　1 かたって　　　　2 あたって　　　　3 みのって　　　　4 おおって

6　引越しの荷物をトラックに積んで、新しいアパートへ出発した。
　　1 あんで　　　　2 くんで　　　　3 つんで　　　　4 はこんで

7　茶わんにご飯を盛る。
　　1 かる　　　　2 のる　　　　3 もる　　　　4 さる

8　「喫煙（きつえん）」は、もう時代の流れに逆らうものになっているのだろうか。
　　1 うしなう　　　　2 さからう　　　　3 したがう　　　　4 おぎなう

9　彼女は販売の仕事に携わっている。
　　1 たずさわって　　　2 ことわって　　　3 うけたまわって　　4 かかわって

10　彼はいつも自信に満ちていて、会うと元気になる。
　　1 おちて　　　　2 みちて　　　　3 くちて　　　　4 かちて

問題10 _____の言葉の読み方として最もよいものを、1・2・3・4から一つ選びなさい。

1 来週の月曜日お見舞いに伺いたいと思い、ご連絡いたしました。
    1 やとい　　　　　2 おおい　　　　　　3 うたがい　　　　4 うかがい

2 かわいがっていた小鳥が死んだので、庭に埋めてお墓を作った。
    1 うめて　　　　　2 さめて　　　　　　3 しめて　　　　　4 こめて

3 雪が降りそうなので、花壇をシートで覆った。
    1 かぶった　　　　2 さそった　　　　　3 おおった　　　　4 せおった

4 タバコは体に悪い影響を及ぼすのでやめたほうがいい。
    1 のぼす　　　　　2 こぼす　　　　　　3 およぼす　　　　4 きゅうぼす

5 冷蔵庫の中に油をしまうと固まってしまうので気をつけてください。
    1 ふるまって　　　2 うまって　　　　　3 かたまって　　　4 はさまって

6 あこがれていた先輩とペアを組んで仕事をすることになった。
    1 あんで　　　　　2 くんで　　　　　　3 かこんで　　　　4 とんで

7 体重が20キロも増えていたのでびっくりしてよく見たら、体重計が狂っていた。
    1 あらって　　　　2 そろって　　　　　3 ちがって　　　　4 くるって

8 朝起きると、布団を畳んで片づける。
    1 たたんで　　　　2 はさんで　　　　　3 ゆるんで　　　　4 かこんで

9 バスは高速道路に入ると、スピードを増して走った。
    1 ふやして　　　　2 まして　　　　　　3 へらして　　　　4 おして

10 怖くて手がたがた震えた。
    1 かかえた　　　　2 そろえた　　　　　3 ふるえた　　　　4 おぼえた

問題 11 _____の言葉の読み方として最もよいものを、1・2・3・4から一つ選びなさい。

1　調査の結果、この絵はにせ物であることが明らかになった。
　　1　あきらか　　　2　あからか　　　3　ほがらか　　　4　めいらか

2　この川は浅いので泳ぐことはできない。
　　1　ふかい　　　2　にぶい　　　3　ゆるい　　　4　あさい

3　馬に乗ったジャンヌ・ダルクの銅像を見た。勇ましい姿だった。
　　1　いさましい　　　2　ゆうましい　　　3　あつかましい　　　4　ほほえましい

4　歌手になりたいという幼いころからの夢がかなった。
　　1　ちいさい　　　2　おさない　　　3　かしこい　　　4　えらい

5　彼は穏やかな人で、めったに怒らない。
　　1　おだやかな　　　2　さわやかな　　　3　こまやかな　　　4　さわやかな

6　店員に強引に勧められて、高い香水を2本も買ってしまった。
　　1　きょういん　　　2　ごういん　　　3　つよひき　　　4　つよびき

7　夜寝る前に濃いお茶を飲むと眠れなくなる。
　　1　こい　　　2　あつい　　　3　うすい　　　4　ふかい

8　二つの図形は形は違うが、面積が等しい。
　　1　まぶしい　　　2　ひとしい　　　3　はげしい　　　4　ひさしい

9　月には豊富な資源があると言われている。
　　1　ふうふ　　　2　ほうふ　　　3　とうふ　　　4　もうふ

10　雨が激しくなる前に試合を中止したのは、妥当な判断だった。
　　1　たとう　　　2　だとう　　　3　たと　　　4　だと

1 日本に来てからやせてしまい、ズボンが緩くなった。
   1 ゆるく　　　　　2 にぶく　　　　　3 きつく　　　　　4 のろく

2 個人情報の厳重な管理をお願いします。
   1 しんじゅう　　　2 しんちょう　　　3 げんじゅう　　　4 げんちょう

3 この動物が人前に現れるのは稀なことだ。
   1 まれな　　　　　2 おもな　　　　　3 みょうな　　　　4 じみな

4 田舎の祖父が飼っている犬は、とても利口でかわいい。
   1 りくち　　　　　2 りぐち　　　　　3 りく　　　　　　4 りこう

5 彼ほどの人材を失うのは惜しいことだ。
   1 おしい　　　　　2 おいしい　　　　3 くやしい　　　　4 さびしい

6 電気代を節約できる賢いエアコンの使い方を紹介しましょう。
   1 えらい　　　　　2 かしこい　　　　3 するどい　　　　4 ずるい

7 母が倒れて入院したが、幸い大したことはなかった。
   1 いきおい　　　　2 おおぜい　　　　3 さいわい　　　　4 つぐない

8 突然現れた自転車にぶつかりそうになった。
   1 とうぜん　　　　2 とつぜん　　　　3 ぼうぜん　　　　4 へいぜん

9 彼女とは中学校の時、席が隣り同士になったのがきっかけで親しくなった。
   1 けわしく　　　　2 はげしく　　　　3 くわしく　　　　4 したしく

10 その件に関して率直なご意見をお聞かせください。
   1 そっちょく　　　2 りっちょく　　　3 しょうじき　　　4 そつじき

PART 2

한자 표기

N2

한자 표기에서는 무엇을 평가합니까?

- 한자 읽기와 마찬가지로 표기 문제도 출제 문항 수가 적어지긴 했지만, 문제당 배점이 낮아지는 것은 아니므로 점수 관리에 유의한다.

- 상용한자 중에서 사용 빈도가 많은 중간 수준 한자의 표기 형태가 문제의 대상이 되며, 모양은 비슷 하지만 의미가 다른 한자의 구별, 품사별로 해당 한자의 형태를 고르는 문제가 출제된다.

한자 표기에는 어떤 문제가 나오고 준비하기 위해선 무엇을 어떻게 공부해야 할까요?

- 시험 문제는 5문항이며, 품사별로 골고루 출제될 것이다.

- N3 시험이 추가됨으로써 N2에 출제되는 한자는 중간 수준 이상의 한자가 될 것이다.

- 소리가 같고 모양이 비슷한 한자를 묶어서 공부하면 적은 시간에 많은 한자를 익힐 수 있어 효율적이다.

- 모양이 비슷한 한자는 시험에 출제되기 쉽다.

- 쓰기 연습을 병행하는 것도 기억에 많은 도움이 된다.

♣ 유형 맛보기

1　姉はアメリカ人と<u>こくさい</u>結婚した。

1 国祭　　　　2 国際　　　　3 国擦　　　　4 国察

정답_ 2 国際 국제

해석_ 언니는 미국인과 국제결혼했다.

2　駅で財布を<u>ひろった</u>。

1 拾った　　　2 捨った　　　3 払った　　　4 授った

정답_ 1 拾う 줍다

해석_ 역에서 지갑을 주웠다.

모양이 비슷한 한자 _소리가 같은 한자

安 案	安定あんてい 안정 案外あんがい 의외	安心あんしん 안심 提案ていあん 제안	
衣 依	衣服いふく 의복 依頼いらい 의뢰	衣料品いりょうひん 의료품	
違 偉 緯	違反いはん 위반 偉大いだい 위대함 緯度いど 위도	違法いほう 위법	相違そうい 상위, 다름
遠 園	遠足えんそく 소풍 公園こうえん 공원	遠慮えんりょ 사양 園芸えんげい 원예	
化 貨	化学かがく 화학 貨物かもつ 화물	化合物かごうぶつ 화합물 銀貨ぎんか 은화	硬貨こうか 경화, 동전
官 管	官庁かんちょう 관청 管理かんり 관리	長官ちょうかん 장관	
間 簡	間接かんせつ 간접 簡単かんたん 간단함	間隔かんかく 간격	
観 歓	観光かんこう 관광 歓迎会かんげいかい 환영회	観客かんきゃく 관객	観察かんさつ 관찰
監 鑑	監督かんとく 감독 鑑賞かんしょう 감상	監視かんし 감시	
奇 寄	奇数きすう 홀수 寄付きふ 기부	奇妙きみょう 기묘함 寄与きよ 기여	
義 議 儀	義務ぎむ 의무 議会ぎかい 의회 礼儀れいぎ 예의	義理ぎり 의리 議論ぎろん 의논, 논의 儀式ぎしき 의식	講義こうぎ 강의 討議とうぎ 토의 行儀ぎょうぎ 행동거지, 예절
求 球 救	要求ようきゅう 요구 野球やきゅう 야구 救急車きゅうきゅうしゃ 구급차	求婚きゅうこん 구혼 地球ちきゅう 지구 救助きゅうじょ 구조	請求せいきゅう 청구

巨距	巨大きょだい 거대 距離きょり 거리	巨人きょじん 거인	
共供	共通きょうつう 공통 供給きょうきゅう 공급	共同きょうどう 공동	公共こうきょう 공공
敬警	敬意けいい 경의 警察けいさつ 경찰	敬語けいご 경어 警告けいこく 경고	尊敬そんけい 존경 警備けいび 경비
系係	系統けいとう 계통 関係かんけい 관계	系列けいれつ 계열	
刑形型	刑事けいじ 형사 形式けいしき 형식 典型てんけい 전형	死刑しけい 사형 形態けいたい 형태	
験険剣検	試験しけん 시험 危険きけん 위험 剣道けんどう 검도 検査けんさ 검사	経験けいけん 경험 保険ほけん 보험 真剣しんけん 진지함 点検てんけん 점검	実験じっけん 실험 冒険ぼうけん 모험 検討けんとう 검토
建健	建設けんせつ 건설 健康けんこう 건강	建築けんちく 건축	
原源	原因げんいん 원인 資源しげん 자원	原料げんりょう 원료	原稿げんこう 원고
固古故	固定こてい 고정 古代こだい 고대 事故じこ 사고	固体こたい 고체 古典こてん 고전 故郷こきょう 고향	
悟語	覚悟かくご 각오 語学ごがく 어학	言語げんご 언어	
誤娯	誤解ごかい 오해 娯楽ごらく 오락		
工攻功貢項	工場こうじょう 공장 専攻せんこう 전공 功績こうせき 공적 貢献こうけん 공헌 項目こうもく 항목	工事こうじ 공사 攻撃こうげき 공격	工芸こうげい 공예

交 効 郊 校	交通こうつう 교통 効果こうか 효과 郊外こうがい 교외 学校がっこう 학교	交換こうかん 교환 効力こうりょく 효력 近郊きんこう 근교 校庭こうてい 교정	交流こうりゅう 교류 効率こうりつ 효율 校舎こうしゃ 교사, 학교 건물
広 鉱	広告こうこく 광고 鉱物こうぶつ 광물		
構 購 講	構成こうせい 구성 購入こうにゅう 구입 講演こうえん 강연	構造こうぞう 구조 購買こうばい 구매 講師こうし 강사	機構きこう 기구 購読こうどく 구독
更 硬	変更へんこう 변경 硬貨こうか 경화, 동전	更新こうしん 갱신	
材 財	材木ざいもく 재목 財産ざいさん 재산	材料ざいりょう 재료 文化財ぶんかざい 문화재	人材じんざい 인재
祭 際	祭日さいじつ 공휴일 国際こくさい 국제	交際こうさい 교제	実際じっさい 실제
司 飼	司会しかい 사회 飼育しいく 사육	上司じょうし 상사	
寺 持	寺院じいん 사원 持参じさん 지참	金閣寺きんかくじ 금각사 維持いじ 유지	支持しじ 지지
受 授	受験じゅけん 수험 授業じゅぎょう 수업	受話器じゅわき 수화기 教授きょうじゅ 교수	
宿 縮	宿題しゅくだい 숙제 縮小しゅくしょう 축소	宿泊しゅくはく 숙박 短縮たんしゅく 단축	合宿がっしゅく 합숙
盾 循	矛盾むじゅん 모순 循環じゅんかん 순환		
小 少	小便しょうべん 소변 少女しょうじょ 소녀	大小だいしょう 대소 少数しょうすう 소수	少年しょうねん 소년
章 障	文章ぶんしょう 글, 문장 障害しょうがい 장애, 장해	障子しょうじ 창호지문	保障ほしょう 보장

申 神	申請しんせい 신청 神経しんけい 신경	申告しんこく 신고 神話しんわ 신화	 精神せいしん 정신
真 慎	真空しんくう 진공 慎重しんちょう 신중	真剣しんけん 진지함	真理しんり 진리
正 政 整	正門せいもん 정문 政治せいじ 정치 整理せいり 정리	正確せいかく 정확 政府せいふ 정부 整備せいび 정비	不正ふせい 부정 政党せいとう 정당 整数せいすう 정수
制 製	制度せいど 제도 製作せいさく 제작	制限せいげん 제한 製品せいひん 제품	制服せいふく 제복 製造せいぞう 제조
青 晴 清 請 精	青年せいねん 청년 晴天せいてん 맑은 날씨 清書せいしょ 청서, 정서 申請しんせい 신청 精神せいしん 정신	 快晴かいせい 쾌청함 清掃せいそう 청소 請求書せいきゅうしょ 청구서	 要請ようせい 요청
責 積 績	責任せきにん 책임 面積めんせき 면적 成績せいせき 성적	 積極的せっきょくてき 적극적 業績ぎょうせき 업적	 容積ようせき 용적 実績じっせき 실적
説 設	説明せつめい 설명 建設けんせつ 건설	解説かいせつ 해설 設備せつび 설비	演説えんぜつ 연설 設計せっけい 설계
先 洗	先日せんじつ 지난 번, 일전 洗剤せんざい 세제	先祖せんぞ 선조 洗濯せんたく 세탁	先輩せんぱい 선배 洗面せんめん 세면
祖 組	祖父そふ 조부 組織そしき 조직	祖母そぼ 조모	
相 想	相談そうだん 상담 想像そうぞう 상상	 空想くうそう 공상	 理想りそう 이상
注 駐	注目ちゅうもく 주목 駐車ちゅうしゃ 주차	注文ちゅうもん 주문	注射ちゅうしゃ 주사
長 張 帳	長期ちょうき 장기 出張しゅっちょう 출장 通帳つうちょう 통장	長所ちょうしょ 장점 緊張きんちょう 긴장 手帳てちょう 수첩	長男ちょうなん 장남 拡張かくちょう 확장

低抵底	低下ていか 저하 抵抗ていこう 저항 海底かいてい 해저	低気圧ていきあつ 저기압 基底きてい 기저	最低さいてい 최저, 최악
適摘敵滴	適切てきせつ 적절함 指摘してき 지적 敵軍てきぐん 적군 水滴すいてき 물방울	適用てきよう 적용 摘発てきはつ 적발 敵意てきい 적의	適当てきとう 적당함
店点	店員てんいん 점원 点数てんすう 점수	店長てんちょう 점장 点々てんてん 점점이	商店しょうてん 상점 欠点けってん 결점
到倒	到着とうちゃく 도착 倒産とうさん 도산	 面倒めんどう 돌봄	
農濃	農家のうか 농가 濃度のうど 농도	農村のうそん 농촌	農薬のうやく 농약
半判	半径はんけい 반경 判事はんじ 판사	半島はんとう 반도 判断はんだん 판단	半分はんぶん 절반
反販	反映はんえい 반영 販売はんばい 판매	反抗はんこう 반항	反省はんせい 반성
比批	比較ひかく 비교 批判ひはん 비판	比率ひりつ 비율 批評ひひょう 비평	
票標	投票とうひょう 투표 標識ひょうしき 표식, 표지	伝票でんぴょう 전표 標準ひょうじゅん 표준	目標もくひょう 목표
付符	付近ふきん 부근 符号ふごう 부호	付属ふぞく 부속 切符きっぷ 표	寄付きふ 기부
復複腹	復習ふくしゅう 복습 複雑ふくざつ 복잡함 腹痛ふくつう 복통	反復はんぷく 반복 複写ふくしゃ 복사 空腹くうふく 공복	回復かいふく 회복 複数ふくすう 복수
方放訪	方向ほうこう 방향 放送ほうそう 방송 訪問ほうもん 방문	方針ほうしん 방침 解放かいほう 해방	方法ほうほう 방법 開放かいほう 개방

容 溶	容易ようい 용이함 溶岩ようがん 용암	容器ようき 용기	容積ようせき 용적
令 冷	命令めいれい 명령 冷蔵庫れいぞうこ 냉장고	冷静れいせい 냉정	冷凍れいとう 냉동
寮 僚 療	寮りょう 기숙사 同僚どうりょう 동료 治療ちりょう 치료	医療いりょう 의료	

모양이 비슷한 한자 _소리가 다른 한자

違 衛	違反いはん 위반 衛生えいせい 위생		
札 礼	改札口かいさつぐち 개찰구 礼儀れいぎ 예의	 失礼しつれい 실례	
青 情	青年せいねん 청년 情報じょうほう 정보	 事情じじょう 사정	 感情かんじょう 감정
著 署	著者ちょしゃ 저자 署名しょめい 서명	著作ちょさく 저작	
反 返	反対はんたい 반대 返事へんじ 대답		
平 評	平均へいきん 평균 評価ひょうか 평가	平和へいわ 평화 評論ひょうろん 평론	公平こうへい 공평 評判ひょうばん 평판
方 防	方法ほうほう 방법 防犯ぼうはん 방범	 防災ぼうさい 방재	 予防よぼう 예방
暴 爆	暴力ぼうりょく 폭력 爆発ばくはつ 폭발	乱暴らんぼう 난폭 爆破ばくは 폭파	
令 領	命令めいれい 명령 領収書りょうしゅうしょ 영수증	 大統領だいとうりょう 대통령	
輸 輪	輸入ゆにゅう 수입 車輪しゃりん 바퀴	輸出ゆしゅつ 수출 指輪ゆびわ 반지	輸血ゆけつ 수혈

問題1 _____の言葉を漢字で書くとき、最もよいものを、1・2・3・4から一つ選びなさい。

1 実行いいん会が祭りの準備を進めている。

　　1 委員　　　　2 依員　　　　3 倭員　　　　4 違員

2 ローマは東京と同じくらいのいどにある。

　　1 違度　　　　2 緯度　　　　3 緯席　　　　4 違席

3 えいようのかたよらない食事をとるように心がける。

　　1 営洋　　　　2 営養　　　　3 栄洋　　　　4 栄養

4 えきたい類は飛行機の中に持ち込むことができない。

　　1 夜体　　　　2 夜休　　　　3 液体　　　　4 液休

5 大学を卒業してからは、親からのえんじょなしで生活している。

　　1 縁助　　　　2 緩助　　　　3 援助　　　　4 延助

6 学校へのおうふくはバスを利用する。

　　1 住復　　　　2 住複　　　　3 往復　　　　4 往複

7 妻がたまには家事からかいほうされたいと言うので、家族旅行に行くことにした。

　　1 開放　　　　2 開方　　　　3 解放　　　　4 解方

8 新しい車はかいてきな乗り心地だ。

　　1 快摘　　　　2 快適　　　　3 決摘　　　　4 決適

9 財産のかんりを弁護士に任せることにした。

　　1 官里　　　　2 官理　　　　3 管里　　　　4 管理

10 電車は10分かんかくで発車する。

　　1 簡隔　　　　2 簡格　　　　3 間隔　　　　4 間格

1 ちょっときゅうけいしましょう。

    1 休暇   2 休息   3 休憩   4 休養

2 結婚式は世界各国で日常的に行われるぎしきだが、国によって形態が違う。

    1 義式   2 議式   3 儀式   4 犠式

3 この布は汗をよくきゅうしゅうする。

    1 吸集   2 吸収   3 及収   4 及集

4 先生が特にきょうちょうして説明した部分をメモしておく。

    1 協調   2 強調   3 特徴   4 好調

5 地震が発生した時、ガスのきょうきゅうが止まることがある。

    1 協給   2 協拾   3 供給   4 供拾

6 新型インフルエンザがこっきょうを超えて世界各地に広がった。

    1 国境   2 国鏡   3 国競   4 国京

7 S社の製品は国際市場で十分なきょうそう力がある。

    1 競走   2 競争   3 競奏   4 競送

8 医者は患者に酒を飲まないようにけいこくした。

    1 敬告   2 警告   3 驚告   4 契告

9 英語とドイツ語は同じけいとうの言語である。

    1 系統   2 係統   3 計統   4 継統

10 娘が次に何をするか、けんとうもつかない。

    1 検討   2 見当   3 見登   4 検当

問題3 _____ の言葉を漢字で書くとき、最もよいものを、1・2・3・4から一つ選びなさい。

1　今、企業において大切なのは人的しげんをうまく活用することだ。
　　　1　資原　　　　　　2　資源　　　　　　3　資願　　　　　　4　資減

2　会社は彼女のこうせきを認め昇進させた。
　　　1　攻績　　　　　　2　功績　　　　　　3　貢績　　　　　　4　工績

3　両親は東京のこうがいに住んでいる。
　　　1　交外　　　　　　2　郊外　　　　　　3　校外　　　　　　4　効外

4　先輩から雑誌のこうどくを勧められた。
　　　1　講読　　　　　　2　購読　　　　　　3　構読　　　　　　4　溝読

5　近くの公園のこうようがとてもきれいだったので犬といっしょに散歩してきた。
　　　1　効用　　　　　　2　広葉　　　　　　3　紅葉　　　　　　4　落葉

6　このファイルは不要なのでさくじょしてもいいです。
　　　1　削除　　　　　　2　消除　　　　　　3　作除　　　　　　4　昨除

7　この小説家の作品は同世代の多くの女性のしじを得ている。
　　　1　指示　　　　　　2　指持　　　　　　3　支示　　　　　　4　支持

8　この国では戦争が終わらず、食糧や生活ぶっしが不足している。
　　　1　物次　　　　　　2　物質　　　　　　3　物資　　　　　　4　物件

9　この作品には作者のしそうが表れている。
　　　1　思相　　　　　　2　思想　　　　　　3　視相　　　　　　4　視想

10　友だちに8万円のしゃっきんがある。
　　　1　昔金　　　　　　2　惜金　　　　　　3　借金　　　　　　4　錯金

問題4 ＿＿＿＿の言葉を漢字で書くとき、最もよいものを、1・2・3・4から一つ選びなさい。

1 コンサートは無事しゅうりょうした。
　　1 修了　　　　　　2 終了　　　　　　3 冬了　　　　　　4 完了

2 子どもの自主性を強調しながら、宿題を手伝ってやるのはむじゅんした行動だ。
　　1 予盾　　　　　　2 予循　　　　　　3 矛盾　　　　　　4 矛循

3 ここにしょめいしてください。
　　1 箸名　　　　　　2 著名　　　　　　3 署名　　　　　　4 暑名

4 元プロ選手が相手ではしょうぶにならない。
　　1 勝敗　　　　　　2 勝負　　　　　　3 勝利　　　　　　4 勝者

5 息子の無しんけいな一言が夫を怒らせた。
　　1 神経　　　　　　2 伸経　　　　　　3 神軽　　　　　　4 伸軽

6 もう高校生だし、もっとしんけんに将来のことを考えなさい。
　　1 慎検　　　　　　2 慎剣　　　　　　3 真検　　　　　　4 真剣

7 アメリカは二大せいとう制の国だ。
　　1 正当　　　　　　2 正統　　　　　　3 政党　　　　　　4 正答

8 朝、せいそう車の音で目を覚ます。
　　1 青掃　　　　　　2 晴掃　　　　　　3 清掃　　　　　　4 精掃

9 保険会社に保険金の支払いをせいきゅうした。
　　1 晴求　　　　　　2 晴救　　　　　　3 請求　　　　　　4 請救

10 彼は科学の分野ですばらしいぎょうせきを上げた。
　　1 業責　　　　　　2 業積　　　　　　3 業績　　　　　　4 業跡

問題5 ＿＿＿の言葉を漢字で書くとき、最もよいものを、1・2・3・4から一つ選びなさい。

1 あの兄弟はたいへんたいしょう的だ。兄は背が高くて太っていて、弟は小柄でやせている。

    1 対照   2 対紹   3 対招   4 対象

2 だんたい20人以上は料金が2割引になる。

    1 段体   2 断体   3 団体   4 談体

3 この絵はだれからもちゅうもくされていなかった。

    1 主目   2 住目   3 注目   4 駐目

4 この本のちょしゃを知っていますか。

    1 著者   2 箸者   3 署者   4 暑者

5 社長の前できんちょうしてろくに意見を言えなかった。

    1 緊長   2 緊張   3 緊帳   4 緊徴

6 お年玉を貯金するためにつうちょうを作った。

    1 通張   2 通帳   3 痛帳   4 痛張

7 相手がなぐりかかってきたのでていこうした。

    1 低抗   2 抵抗   3 底抗   4 邸抗

8 600年前の貿易船がかいていに沈んでいた。

    1 海低   2 海抵   3 海底   4 海邸

9 不景気の影響で、父の会社がとうさんした。

    1 到産   2 到山   3 倒産   4 倒山

10 子供の頃に習ったどうようをほとんど覚えていない。

    1 童謡   2 童揺   3 同謡   4 同揺

問題6 _____ の言葉を漢字で書くとき、最もよいものを、1・2・3・4から一つ選びなさい。

1 ガラスのはへんが刺さって血が出た。
1 波片　　　　2 波辺　　　　3 破片　　　　4 破辺

2 通信はんばいでシャツを買ったが、サイズが合わなかったので返品した。
1 板買　　　　2 板売　　　　3 販買　　　　4 販売

3 その小説家の作品には時代をはんえいしたものが多い。
1 反英　　　　2 反映　　　　3 半映　　　　4 半英

4 彼は同僚のひはんばかりしている。
1 比判　　　　2 比半　　　　3 批判　　　　4 批半

5 新しくできたレストラン、値段は高めだが、おいしいというひょうばんだ。
1 平半　　　　2 平判　　　　3 評半　　　　4 評判

6 彼の体重はひょうじゅん以上だ。
1 票準　　　　2 標準　　　　3 漂準　　　　4 表準

7 あなたはこの仕事について少しもふへいを言わないね。
1 不平　　　　2 不評　　　　3 否平　　　　4 否評

8 幼い時に両親をなくしたので、大学の学費を祖父がふたんしてくれた。
1 付担　　　　2 不担　　　　3 負担　　　　4 布担

9 ふくすうの目撃者が事件の現場にいた。
1 復数　　　　2 複数　　　　3 腹数　　　　4 服数

10 この本はおもしろい話を集めてへんしゅうしたものです。
1 偏集　　　　2 偏収　　　　3 編集　　　　4 編収

問題7 _____の言葉を漢字で書くとき、最もよいものを、1・2・3・4から一つ選びなさい。

1 両親は、最近歩き始めたまごがかわいくてしかたがないらしい。
　　1 甥　　　　　　　2 娘　　　　　　　3 息子　　　　　　4 孫

2 お降りの際はあしもとにご注意ください。
　　1 足元　　　　　　2 足首　　　　　　3 足本　　　　　　4 足跡

3 ピザのきじを上手に作るコツを紹介しましょう。
　　1 木地　　　　　　2 生地　　　　　　3 下地　　　　　　4 生糸

4 きっぷは往復で買ったほうが安い。
　　1 切手　　　　　　2 折手　　　　　　3 切符　　　　　　4 折符

5 こめは酒の原料としても使われる。
　　1 米　　　　　　　2 粟　　　　　　　3 麦　　　　　　　4 芋

6 水道を使った後はすぐじゃぐちをしめるようにしてください。
　　1 窓口　　　　　　2 入口　　　　　　3 蛇口　　　　　　4 小口

7 雑草はねから抜かないとまた生えるから大変だ。
　　1 枝　　　　　　　2 根　　　　　　　3 杖　　　　　　　4 柱

8 彼はぼんやりとはいいろの空を眺めていた。
　　1 茶色　　　　　　2 紺色　　　　　　3 緑色　　　　　　4 灰色

9 地図に赤いペンでめじるしをつけた。
　　1 目印　　　　　　2 目標　　　　　　3 目安　　　　　　4 目処

10 1万円を5千円札1枚と千円札5枚にりょうがえした。
　　1 両側　　　　　　2 両替　　　　　　3 両方　　　　　　4 両立

問題8 ＿＿＿の言葉を漢字で書くとき、最もよいものを、1・2・3・4から一つ選びなさい。

1 彼女は易者に結婚をうらなってもらった。
  1 占って　　　　　2 誘って　　　　　3 想って　　　　　4 測って

2 この小説は思春期の少年の気持ちをよくえがいている。
  1 絵いて　　　　　2 書いて　　　　　3 描いて　　　　　4 表いて

3 新築したばかりなのに、地盤が弱くて家が少しかたむいてしまった。
  1 傾いて　　　　　2 偏いて　　　　　3 崩いて　　　　　4 壊いて

4 水をやらなかったためチューリップの鉢がかれてしまった。
  1 死れて　　　　　2 枯れて　　　　　3 折れて　　　　　4 乾れて

5 展示物にさわってはいけません。
  1 摂って　　　　　2 接って　　　　　3 触って　　　　　4 解って

6 庭に名前のわからない植物がはえてきた。
  1 植えて　　　　　2 生えて　　　　　3 育えて　　　　　4 実えて

7 このクリームは肌があれるのをふせいでくれる。
  1 防いで　　　　　2 止いで　　　　　3 阻いで　　　　　4 稼いで

8 何十分も悩んで、やっと数学の問題がとけた。
  1 解けた　　　　　2 溶けた　　　　　3 説けた　　　　　4 融けた

9 このバス路線は二つの駅ををむすんでいる。
  1 絞んで　　　　　2 締んで　　　　　3 結んで　　　　　4 組んで

10 自主性を育てるために、小遣いの使い方は子供にまかせることにした。
  1 委せる　　　　　2 任せる　　　　　3 託せる　　　　　4 与せる

問題9 ＿＿＿＿の言葉を漢字で書くとき、最もよいものを、1・2・3・4から一つ選びなさい。

1 　電車でおばあさんに席をゆずった。

　　　1 空った　　　　　2 外った　　　　　3 譲った　　　　　4 与った

2 　彼は私に迷惑をかけたことをあやまった。

　　　1 謝った　　　　　2 誤った　　　　　3 過った　　　　　4 怒った

3 　雪道で滑りやすいので、ころばないように気をつけてください。

　　　1 輪ばない　　　　2 回ばない　　　　3 覆ばない　　　　4 転ばない

4 　傘を持っていなかったので、すっかり雨にぬれてしまった。

　　　1 流れて　　　　　2 湿れて　　　　　3 濡れて　　　　　4 温れて

5 　国民は早く景気がよくなることをのぞんでいる。

　　　1 臨んで　　　　　2 望んで　　　　　3 願んで　　　　　4 求んで

6 　旅館の窓から外を見ると、夕焼けが湖にうつってとても美しかった。

　　　1 覆って　　　　　2 移って　　　　　3 渡って　　　　　4 映って

7 　今日は晴れていたので、昨日雨に濡れた靴を外に出してかわかした。

　　　1 動かした　　　　2 乾かした　　　　3 渇かした　　　　4 干かした

8 　同級生の結婚式にまねかれて行った。

　　　1 招かれて　　　　2 紹かれて　　　　3 請かれて　　　　4 抜かれて

9 　ごみはもえるごみともえないごみに分けて出してください。

　　　1 燃える　　　　　2 焼える　　　　　3 煙える　　　　　4 爆える

10 　困ったときでも希望が私をささえてくれた。

　　　1 仕えて　　　　　2 備えて　　　　　3 支えて　　　　　4 抱えて

問題10 _____の言葉を漢字で書くとき、最もよいものを、1・2・3・4から一つ選びなさい。

1 彼は日本で最もえらい政治家の一人だ。
   1 違い   2 緯い   3 偉い   4 衛い

2 死傷者が100人に上るおそろしい列車事故が発生した。
   1 惜ろしい   2 悔ろしい   3 恐ろしい   4 険ろしい

3 私の妹は手先がきようなので、マフラーならすぐ編めると思う。
   1 起用   2 機用   3 器用   4 期用

4 応援していたチームが負けてしまいくやしい思いをした。
   1 悔しい   2 険しい   3 親しい   4 詳しい

5 急な坂道を歩いていたら、息がくるしくなってきた。
   1 苦しく   2 若しく   3 痛しく   4 労しく

6 彼女は長い間ソウルに住んでいたので韓国の事情にくわしい。
   1 細しい   2 詳しい   3 恋しい   4 明しい

7 ここからはたいらな道が続いているので歩きやすい。
   1 平らな   2 評らな   3 緩らな   4 面らな

8 息子も成人式を迎え、だんだんたのもしくなってきた。
   1 信もしく   2 額もしく   3 頼もしく   4 類もしく

9 父が残したばくだいな遺産を平和団体に寄付した。
   1 莫大な   2 漠大な   3 幕大な   4 膨大な

10 経済的に豊かな暮らしをしていても、心のまずしい人もいる。
   1 貧しい   2 乏しい   3 激しい   4 厳しい

PART 3

어형성

N2

어형성에서는 무엇을 평가합니까?

- 어형성은 복합어와 파생어의 지식을 묻는 문제이다.

- 복합이란 「読みかける(읽던 도중이다 → 読む+かける)」와 같이 두 개의 단어가 만나 다른 하나의 단어가 되는 것을 말한다.

- 파생어는 접두어와 접미어가 붙는 말로, 「ご親切」, 「真っ暗」, 「ぼくたち」, 「さむがる」와 같은 것들이다.

어형성에는 어떤 문제가 나오고 준비하기 위해선 무엇을 어떻게 공부해야 할까요?

- 파생어의 경우는 한자 접두어, 접미어 그리고 고유어의 접두어, 접미어를 잘 알아 두어야 한다.

- 복합어는 주로 복합 동사에 대한 이해를 잘 하고 있어야 한다. 「〜かける」의 경우 「呼びかける(부르다, 호소하다)」나 「話しかける(말을 걸다)」는 '어떤 작용을 가하다'는 의미이지만, 「言いかける(말을 하다 그만두다)」나 「死にかける(죽을 뻔하다)」는 '어떤 동작을 하던 도중', '지금이라도 〜할 듯함'의 의미를 가지므로, 복합 동사가 나오면 사전에서 꼼꼼히 챙겨 보는 것이 좋다.

- 접두어, 접미어는 한자어까지 포함하면 양이 많기 때문에 평소 일본어 사용 시 잘 익혀 두어야 하고, 사용 방법이 헷갈렸던 표현은 정확하게 알아두는 것이 좋다.

♣ 유형 맛보기

1　委員会ではいじめに関する(　　)問題について議論した。

　1 諸　　　　　2 複　　　　　3 雑　　　　　4 類

　정답_ 1 諸問題しょもんだい 제 문제(여러 문제)

　해석_ 위원회에서는 집단 따돌림에 관한 여러 문제에 대해 논의했다.

2　駅の周辺に住宅(　　)が広がっている。

　1 帯　　　　　2 域　　　　　3 街　　　　　4 町

　정답_ 3 住宅街じゅうたくがい 주택가

　해석_ 역 주변에 주택가가 펼쳐져 있다.

한자 접두어

過か 과~	過保護かほご 과보호		
格かく 각~	各家庭かくかてい 각 가정		
急きゅう 급~	急上昇きゅうじょうしょう 급상승 急停車きゅうていしゃ 급정차	急傾斜きゅうけいしゃ 급경사 急転換きゅうてんかん 급전환	急降下きゅうこうか 급강하
現げん 현~	現時点げんじてん 현 시점 現市長げんしちょう 현 시장	現段階げんだんかい 현 단계	現げんチャンピオン 현 챔피언
故こ 고~(성, 관직명에 붙여 죽은 이를 나타냄)	故山田一郎氏こやまだいちろうし 고 야마다 이치로 씨		
高こう 고~	高効率こうこうりつ 고효율 高学歴こうがくれき 고학력	高姿勢こうしせい 고자세 高収入こうしゅうにゅう 고수입	高機能こうきのう 고기능
好こう 호~	好条件こうじょうけん 호조건	好景気こうけいき 호경기	
今こん 현, 금~	今国会こんこっかい 현 국회	今世紀こんせいき 금세기	今こんシーズン 금시즌
再さい 재~	再発見さいはっけん 재발견	再放送さいほうそう 재방송	
最さい 최~	最前線さいぜんせん 최전선 最高峰さいこうほう 최고봉	最優先さいゆうせん 최우선 最先端さいせんたん 최첨단	最下位さいかい 최하위 最優秀さいゆうしゅう 최우수
重じゅう 중~	重過失じゅうかしつ 중과실		
初しょ 첫~ はつ	初対面しょたいめん 첫 대면 初体験はつたいけん 첫 체험	初任給しょにんきゅう 첫 급여 初恋はつこい 첫사랑	
諸しょ 제, 여러~	諸外国しょがいこく 제 외국	諸問題しょもんだい 제 문제	
助じょ 조~	助教授じょきょうじゅ 조교수		
全ぜん 전~	全国民ぜんこくみん 전 국민 全責任ぜんせきにん 전 책임	全世界ぜんせかい 전 세계 全問題ぜんもんだい 전 문제	全役員ぜんやくいん 전 임원
総そう 총~	総選挙そうせんきょ 총선거 総辞職そうじしょく 총사직	総決算そうけっさん 총결산 総動員そうどういん 총동원	総人員そうじんいん 총인원

第だい 제~	第五巻だいごかん 제5권	第六感だいろくかん 제 육감	
大だい 대~	大学者だいがくしゃ 대학자 大豊作だいほうさく 대풍작	大事件だいじけん 대사건	大人物だいじんぶつ 대인물
短たん 단~	短期間たんきかん 단기간	短距離たんきょり 단거리	
超ちょう 초~	超特急ちょうとっきゅう 초특급	超満員ちょうまんいん 초만원	超特大ちょうとくだい 초특대
低てい 저~	低価格ていかかく 저가격		
同どう 동~(같은, 앞과 동일한)	同世代どうせだい 동 세대	同提案どうていあん 동 제안	同論文どうろんぶん 동 논문
反はん 반~	反作用はんさよう 반작용	反体制はんたいせい 반체제	
非ひ 비~	非科学的ひかがくてき 비과학적 非衛生ひえいせい 비위생 非生産的ひせいさんてき 비생산적 非人情ひにんじょう 몰인정	非常識ひじょうしき 비상식 非現実ひげんじつ 비현실 非効率ひこうりつ 비효율	非公式ひこうしき 비공식 非公開ひこうかい 비공개 非人間性ひにんげんせい 비인간성
不ふ 불~ ぶ	不可能ふかのう 불가능 不一致ふいっち 불일치 不完全ふかんぜん 불완전 不注意ふちゅうい 부주의 不器用ぶきよう 재주가 없음	不平等ふびょうどう 불평등 不景気ふけいき 불경기 不親切ふしんせつ 불친절 不勉強ふべんきょう 공부 부족 不気味ぶきみ 기분 나쁨	不必要ふひつよう 불필요 不満足ふまんぞく 불만족 不規則ふきそく 불규칙
副ふく 부~	副知事ふくちじ 부지사	副社長ふくしゃちょう 부사장	副作用ふくさよう 부작용
本ほん 본~	本会議ほんかいぎ 본회의	本大会ほんたいかい 본대회	
毎まい 매~	毎日曜日まいにちようび 매 일요일		
未み 미~	未開発みかいはつ 미개발 未発表みはっぴょう 미발표 未公認みこうにん 미공인	未完成みかんせい 미완성 未使用みしよう 미사용 未登録みとうろく 미등록	未成年みせいねん 미성년 未解決みかいけつ 미해결
無む 무~	無条件むじょうけん 무조건 無意味むいみ 무의미 無気力むきりょく 무기력 無資格むしかく 무자격	無意識むいしき 무의식 無表情むひょうじょう 무표정 無責任むせきにん 무책임 無免許むめんきょ 무면허	無関心むかんしん 무관심 無計画むけいかく 무계획 無感動むかんどう 무감동

名_{めい}〜 명〜	名場面_{めいばめん} 명장면	名講義_{めいこうぎ} 명강의	名演技_{めいえんぎ} 명연기
	名講師_{めいこうし} 명강사	名勝負_{めいしょうぶ} 명승부	名_{めい}コンビ 명콤비
	名俳優_{めいはいゆう} 명배우	名解説_{めいかいせつ} 명해설	名_{めい}セリフ 명대사
	名選手_{めいせんしゅ} 명선수		
両_{りょう}〜 양〜	両側_{りょうがわ} 양측, 양 쪽	両手_{りょうて} 양손	

한자 접미어

一_{いち} 〜제일	日本一_{にほんいち} 일본 제일	世界一_{せかいいち} 세계 제일	
員_{いん} 〜원	会社員_{かいしゃいん} 회사원	係員_{かかりいん} 담당자	鉄道員_{てつどういん} 철도원
	検査員_{けんさいん} 검사원		
下_か 〜하	戦時下_{せんじか} 전시하	監視下_{かんしか} 감시하	
化_か 〜화	情報化_{じょうほうか} 정보화	機械化_{きかいか} 기계화	国際化_{こくさいか} 국제화
科_か 〜과	英文科_{えいぶんか} 영문과		
家_か 〜가	芸術家_{げいじゅつか} 예술가		
外_{がい} 〜외	問題外_{もんだいがい} 문제 외	予想外_{よそうがい} 예상 외	専門外_{せんもんがい} 전문 외
街_{がい} 〜가	商店街_{しょうてんがい} 상점가	住宅街_{じゅうたくがい} 주택가	
間_{かん} 〜간	五日間_{いつかかん} 5일간	学校間_{がっこうかん} 학교 간	
巻_{かん} 〜권	全三巻_{ぜんさんかん} 전 3권		
感_{かん} 〜감	安心感_{あんしんかん} 안심감	幸福感_{こうふくかん} 행복감	罪悪感_{ざいあくかん} 죄악감
	充実感_{じゅうじつかん} 충실감	不足感_{ふそくかん} 부족감	
館_{かん} 〜관	図書館_{としょかん} 도서관	博物館_{はくぶつかん} 박물관	美術館_{びじゅつかん} 미술관
観_{かん} 〜관	世界観_{せかいかん} 세계관	人生観_{じんせいかん} 인생관	宗教観_{しゅうきょうかん} 종교관
	国家観_{こっかかん} 국가관		
機_き 〜기	コピー機_き 복사기	印刷機_{いんさつき} 인쇄기	電話機_{でんわき} 전화기

期き ~기	過渡期かとき 과도기	反抗期はんこうき 반항기	
器き ~기	洗面器せんめんき 세면기	炊飯器すいはんき 전기밥솥	消火器しょうかき 소화기
局きょく ~국	テレビ局きょく 텔레비전 방송국	放送局ほうそうきょく 방송국	事務局じむきょく 사무국
行ぎょう ~줄(행)	一行いちぎょう 한 줄, 일행	三行目さんぎょうめ 세 줄째, 삼행째	
業ぎょう ~업	水産業すいさんぎょう 수산업	流通業りゅうつうぎょう 유통업	
家け ~가	佐藤家さとうけ 사토가, 사토 가문		
形けい ~형	仮定形かていけい 가정형	正方形せいほうけい 정사각형	長方形ちょうほうけい 직사각형
圏けん ~권	英語圏えいごけん 영어권 首都圏しゅとけん 수도권	安全圏あんぜんけん 안전권 文化圏ぶんかけん 문화권	大気圏たいきけん 대기권
号ごう ~호	最新号さいしんごう 최신호	創刊号そうかんごう 창간호	第一号だいいちごう 제 1호
祭さい ~제	学園祭がくえんさい 학교 축제	文化祭ぶんかさい 문화제	前夜祭ぜんやさい 전야제
産さん ~산	沖縄産おきなわさん 오키나와산		
視し ~시	ライバル視し 라이벌시 重大視じゅうだいし 중대시	重要視じゅうようし 중요시	同一視どういつし 동일시
式しき ~식	開会式かいかいしき 개회식	成人式せいじんしき 성인식	
集しゅう ~집	写真集しゃしんしゅう 사진집	問題集もんだいしゅう 문제집	
所しょ ~소	刑務所けいむしょ 형무소	研究所けんきゅうしょ 연구소	
署しょ ~서	消防署しょうぼうしょ 소방서	警察署けいさつしょ 경찰서	
省しょう ~성	外務省がいむしょう 외무성	文部科学省もんぶかがくしょう 문부과학성	
状じょう ~상(~한 모양)	直線状ちょくせんじょう 직선상	クリーム状じょう 크림상(크림 형태)	
場じょう ~장	競技場きょうぎじょう 경기장	運動場うんどうじょう 운동장	
人じん ~인	社会人しゃかいじん 사회인 知識人ちしきじん 지식인	現代人げんだいじん 현대인	常識人じょうしきじん 상식인

人にん ~인	差出人さしだしにん 발신인	後見人こうけんにん 후견인
製せい ~제	日本製にほんせい 일본제	当社製とうしゃせい 당사 제품 手製てせい 수제
制せい ~제	当番制とうばんせい 당번제	全日制ぜんにちせい 전일제
性せい ~성	安全性あんぜんせい 안전성	経済性けいざいせい 경제성 人間性にんげんせい 인간성
戦せん ~전	宣伝戦せんでんせん 선전전(광고전)	
線せん ~선	延長線えんちょうせん 연장선	海岸線かいがんせん 해안선 最低線さいていせん 최저선
代だい ~대	食事代しょくじだい 식대, 식사 요금 四十年代よんじゅうねんだい 40년대 十代じゅうだい 10대 電話代でんわだい 전화 요금 バス代だい 버스 요금	
団だん ~단	応援団おうえんだん 응원단	選手団せんしゅだん 선수단 暴力団ぼうりょくだん 폭력단
的てき ~적	比較的ひかくてき 비교적 一般的いっぱんてき 일반적 運命的うんめいてき 운명적 刺激的しげきてき 자극적 魅力的みりょくてき 매력적 画期的かっきてき 획기적 精神的せいしんてき 정신적 印象的いんしょうてき 인상적 事務的じむてき 사무적 積極的せっきょくてき 적극적 定期的ていきてき 정기적 独断的どくだんてき 독단적	
物ぶつ ~물	危険物きけんぶつ 위험물	
役やく ~역	相談役そうだんやく 상담 역	取締役とりしまりやく 이사 역
油ゆ ~유	サラダ油ゆ 샐러드유	
流りゅう ~류	自己流じこりゅう 자기 방식	西洋流せいようりゅう 서양식 彼流かれりゅう 그의 방식
料りょう ~료	入場料にゅうじょうりょう 입장료	原稿料げんこうりょう 원고료

복합어·파생어 - 명사형

上うわ〜 위〜	上着うわぎ 윗옷		上回るうわまわる 웃돌다
お/ご〜 존경, 겸양을 나타내는 말	お食事おしょくじ 식사 お正月おしょうがつ 설 お返事おへんじ 답장 ご質問ごしつもん 질문 ごゆっくり 천천히		
大おお〜 정도나 수량이 큼	大人数おおにんずう 많은 인원수 大地震おおじしん 대지진		大急ぎおおいそぎ 매우 급함
片かた〜 한 쪽의, 불완전한	片道かたみち 편도 片言かたこと 더듬거리는 말		片方かたほう 한 쪽 片手かたて 한 손
小こ〜 작은〜	小声こごえ 작은 소리		
昨さく〜 지난, 어제의	昨さくシーズン 지난 시즌		昨九日さくここのか 어제 9일
省しょう〜 절약함	省しょうエネ 에너지 절약		
翌よく〜 다음〜	翌日よくじつ 다음 날		翌年よくとし 다음 해
〜おき 〜걸러	一日おきいちにちおき 하루 걸러		三軒おきさんげんおき 세 집 걸러
〜係がかり 〜담당	案内係あんないがかり 안내 담당		会計係かいけいがかり 회계 담당
〜がけ 〜걸기, 〜앉을 수 있음, 〜하는 도중	命がけいのちがけ 목숨을 걺 帰りがけかえりがけ 돌아가는 길		三人がけさんにんがけ 세 명이 앉는 의자
〜方かた 〜하는 방법	やり方やりかた 하는 방법		考え方かんがえかた 사고방식
〜かけ 〜사물을 거는 도구	帽子かけぼうしかけ 모자걸이		
〜かけ 〜하던 도중	書きかけかきかけ 쓰다 만 것		やりかけ 하던 도중
〜がち 〜하는 경향이 있음, 자주 함	遅れがちおくれがち 자주 지각함		曇りがちくもりがち 날씨가 자주 흐림
〜気味ぎみ 〜기운, 〜한 느낌	風邪気味かぜぎみ 감기 기운		疲れ気味つかれぎみ 피곤한 느낌
〜切れぎれ 〜어떤 것을 다 사용함	売り切れうりきれ 매진 品切れしなぎれ 품절		時間切れじかんぎれ 시간이 다함
〜口ぐち 〜구	改札口かいさつぐち 개찰구 入り口いりぐち 입구		窓口まどぐち 창구

~ごと ~마다	家ごとに いえごとに 가정마다	会ぁう人 ひとごとに 만나는 사람마다
~ごと ~째로	皮ごと かわごと 껍질째	財布ごと さいふごと 지갑째
~先さき ~지(장소)	勤務先 きんむさき 근무지　行き先 ゆきさき 행선지　旅行先 りょこうさき 여행지	
~様さま ~님	お嬢様 じょうさま 따님, 아가씨	田中様 たなかさま 다나카 님
~次第しだい ~에 달려있음	金次第 かねしだい 돈이 좌지우지함	気分次第 きぶんしだい 기분에 달려 있음
~中じゅう 온~, 전~	一日中 いちにちじゅう 하루 종일 世界中 せかいじゅう 온 세계	国中 くにじゅう 온 나라
~重じゅう ~중(겹)	二重 にじゅう 이중, 두 겹	
~過すぎ 지나치게 ~함	飲みすぎ のみすぎ 과음	言いすぎ いいすぎ 말이 지나침
~沿そい ~따라	川沿い かわぞい 강 따라	線路沿い せんろぞい 선로를 따라
~着ちゃく ~착(도착)	東京着 とうきょうちゃく 도쿄 도착	
~づかい ~그렇게 사용함	無駄づかい むだづかい 헛되이 씀, 낭비	
~つき ~의 모양.	顔つき かおつき 얼굴 생김새	手つき てつき 손 모양
~付つき 딸림, ~에 부속됨	家具付き かぐつき 가구가 딸림	
~連づれ ~동반	子供連れ こどもづれ 아이 동반	
~等とう ~등	一等 いっとう 일등	
~通どおり ~대로	予想通り よそうどおり 예상대로	
~発はつ ~발(출발)	大阪発 おおさかはつ 오사카 출발	
~風ふう ~풍	地中海風 ちちゅうかいふう 지중해 풍	役人風 やくにんふう 공무원 풍
~ぶり 사물의 상태나 모습	仕事ぶり しごとぶり 일하는 모습	話しぶり はなしぶり 말투
~坊ぼう (상태를 나타내는 말에 붙어) 그런 사람	赤ん坊 あかんぼう 갓난아이　朝寝坊 あさねぼう 잠꾸러기　けちん坊 けちんぼう 구두쇠	
真ま~ 상태를 강조함	真上 まうえ 바로 위	真ん中 まんなか 한가운데

~前まえ (수량에 상당하는) 분량	一人前いちにんまえ 일인분
~み ~한 성질, 느낌, 부분	赤みあかみ 붉은 기운　　　重みおもみ 무게, 묵직함 甘みあまみ 단 느낌　　　強みつよみ 강한 정도, 강한 부분
~向けむけ ~용의, ~을 위한	女性向けじょせいむけ 여성을 위한　　　子供向けこどもむけ 어린이 용
~め 그와 같은 성질이나 상태	長めながめ 조금 깊　　　早めはやめ 조금 이름
~屋や ~장사, 가게	本屋ほんや 서점　　　菓子屋かしや 과자점
~ら ~들	我らわれら 우리들　　　お前らおまえら 너희들
~割わり ~할(10%)	三割さんわり 3할(30%)

~上がるあがる 어떤 동작이 끝나다	でき上がるできあがる 완성되다
~歩くあるく ~하며 다니다	持ち歩くもちあるく 가지고 다니다
~入るいる ~해 들어감, 동작이나 상태의 정도가 깊거나 철저하게 됨	染み入るしみいる 깊이 스며들다　　　恐れ入るおそれいる 황송하다 立ち入るたちいる 안으로 들어가다, 간섭하다
~終わるおわる ~하는 것을 끝내다	食べ終わるたべおわる 먹는 것을 끝내다　　　書き終わるかきおわる 쓰기를 끝내다
~かける ~하던 도중이다, (어떤 작용을) 가하다 , 지금이라도 ~할 듯하다	書きかけるかきかける 쓰던 도중이다　　　話しかけるはなしかける 말을 걸다 死にかけるしにかける 죽을 뻔하다
~切るきる 다 ~하다	食べ切るたべきる 다 먹다　　　持ち切れないもちきれない 모두 들 수 없다
~込むこむ ~해 넣다, 그 상태를 지속하다	飛び込むとびこむ 뛰어들다　　　書き込むかきこむ 써 넣다 思い込む思おもいこむ 믿어 버리다　　　座り込むすわりこむ 눌러앉다
~過ぎるすぎる 지나치게 ~하다	働き過ぎるはたらきすぎる 과로하다　　　地味過ぎるじみすぎる 지나치게 수수하다
~だす ~하기 시작하다, 어떤 행위에 의해 드러나다	見つけだすみつけだす 발견해 내다　　　降りだすふりだす 내리기 시작하다

~づける ~붙이다, ~짓다	**位置づける** いちづける 위치 짓다	**名づける** なづける 이름 짓다
~続つづける 계속 ~하다	**降り続ける** ふりつづける 계속 내리다	
~直なおす 다시 ~하다	**やり直す** やりなおす 다시 하다	**見直す** みなおす 다시 보다, 재검토하다
~慣なれる ~하는 것이 익숙해지다	**住み慣れる** すみなれる 사는데 익숙해지다	**見慣れる** みなれる 보는 데 익숙해지다
~抜ぬく 최후까지 ~하다	**がんばり抜く** がんばりぬく 끝까지 분발하다	
~回まわる 주변을 ~하며 다니다	**歩き回る** あるきまわる 걸어다니다	**走り回る** はしりまわる 뛰어다니다
取とり~ 말을 부드럽게 하는 기능	**取り扱う** とりあつかう 취급하다	**取り替える取** とりかえる 바꾸다

복합어·파생어 – 형용사·부사형

~がたい ~하기 어렵다(심정적으로는 하고 싶지만 상황적으로 불가능하다)	**信じがたい** しんじがたい 믿기어렵다	**忘れがたい** わすれがたい 잊기 힘들다
~げ ~한 느낌(기분)	**悲しげな** かなしげな 슬픈 듯한 **さびしげな** 쓸쓸한 듯한	**うれしげな** 기쁜 듯한 **意味ありげな** いみありげな 의미있는 듯한
~づらい ~하기 힘들다(신체적, 정신적 고통이 있다)	**言いづらい** いいづらい 말하기 괴롭다	**居づらい** いづらい 그 장소에 있기 괴롭다
~っぽい ~한 성질, 경향이 있다	**水っぽい** みずっぽい 싱겁다 **安っぽい** やすっぽい 싸 보이다	**大人っぽい** おとなっぽい 어른스럽다
~にくい ~하기 어렵다(외적 상황이 힘들다)	**見にくい** みにくい 보기 힘들다	**燃えにくい** もえにくい 잘 타지 않다
真ま~ 상태를 강조함	**真新しい** まあたらしい 아주 새롭다 **真っ青な** まっさおな 새파란	**真っ赤な** まっかな 새빨간 **真っ白な** まっしろな 새하얀
~やすい ~하기 쉽다	**書きやすい** かきやすい 쓰기 편하다	**住みやすい** すみやすい 살기 편하다
~ずつ ~씩	**一人ずつ** ひとりずつ 한 사람씩	

조수사

幾いく~ 몇~	幾度いくど 몇 번
~口くち 먹는 회수	ひと口くち 한 입
~軒けん ~채(건물)	一軒いっけん 한 채
~個こ ~개	一個いっこ 한 개
~艘そう ~척(배)	一艘いっそう 한 척
~足そく ~켤레	二足にそく 두 켤레
~着ちゃく~착, ~벌	三着さんちゃく 3번 째 도착 スーツ一着いっちゃく 양복 한 벌
~通つう ~통	手紙二通てがみにつう 편지 두 통
~頭とう ~마리	牛二頭うしにとう 소 2마리
~通りとおり ~가지 ~종류	二通ふたとおり 두 가지
~泊はく ~박	二泊三日にはくみっか 2박 3일
~匹ひき ~마리	ネコ一匹いっぴき 고양이 한 마리
~羽わ ~마리(새나 토끼)	鳥一羽とりいちわ 새 한 마리

복합동사

言い出すいいだす 말을 꺼내다, 말을 시작하다

言い付けるいいつける 명령하다, 이르다

受け取るうけとる 받다, 수취하다

受け持つうけもつ 담당하다

打ち合わせるうちあわせる 사전 논의하다, 의논하다

打ち消すうちけす 부정하다, 부인하다

売り切れるうりきれる 매진되다

落ち着くおちつく 차분해지다, 침착해지다

思い込むおもいこむ 굳게 믿다, 믿어버리다

思いつくおもいつく (문득 아이디어, 생각 등이) 떠오르다

追いかけるおいかける 쫓아가다

追いこすおいこす 추월하다

追いつくおいつく 따라잡다, 따라붙다

着替えるきかえる 옷을 갈아입다

くっつく 들러 붙다, 바싹 붙다

くっつける 바싹 붙이다, 부착시키다

組み立てるくみたてる 조립하다

くり返すくりかえす 반복하다

差し引くさしひく 빼다

締め切るしめきる 마감하다

すき通るすきとおる 들여다보이다, 투명하다

すれちがう 스쳐 지나가다

背負うせおう 등에 업다, 지다

立ち去るたちさる 떠나다

たちどまる 멈추어 서다

突き当たるつきあたる 부딪치다, 막다르다

つり合うつりあう 균형이 맞다, 어울리다

出会うであう 우연히 만나다

出迎えるでむかえる 마중하다, 나가서 맞이하다

出来上がる _{できあがる} 완성되다

問い合わせる _{といあわせる} 문의하다

通りかかる _{とおりかかる} 마침 그곳을 지나가다

通り過ぎる _{とおりすぎる} 지나가다

溶け込む _{とけこむ} 녹아 들다, 융화되다

飛び込む _{とびこむ} 뛰어들다

飛び出す _{とびだす} 뛰어나가다

取り上げる _{とりあげる} 집어 들다, 채택하다, 몰수하다, 문제삼다

取り入れる _{とりいれる} 거두어들이다, 받아들이다, 도입하다

取り消す _{とりけす} 취소하다

取り出す _{とりだす} 꺼내다

長引く _{ながびく} 오래 걸리다, 길어지다

乗り越える _{のりこえる} 극복하다

話し合う _{はなしあう} 서로 이야기하다, 의논하다

話しかける _{はなしかける} 말을 걸다

払い込む _{はらいこむ} 불입하다, 납부하다

払い戻す _{はらいもどす} 환불하다, 되돌려주다

張り切る _{はりきる} 의욕에 넘치다

引き受ける _{ひきうける} 받아들이다, 인수하다

引き返す _{ひきかえす} 되돌아가다, 철수하다

引き出す _{ひきだす} 인출하다

引きとめる _{ひきとめる} 만류하다, 말리다

引っかける _{ひっかける} 걸치다, 끼얹다

ひっくり返す _{ひっくりかえす} 뒤집다, 넘어뜨리다

引っ込む _{ひっこむ} 틀어박히다

引っ張る _{ひっぱる} 팽팽하게 당기다

振りむく _{ふりむく} 돌아보다, 주의를 돌리다

振舞う _{ふるまう} 행동하다

待ち合わせる _{まちあわせる} 시간, 장소 등을 정해서 만나다

見上げる _{みあげる} 올려다 보다

見下ろす _{みおろす} 내려다 보다

見送る _{みおくる} 전송하다, 배웅하다

見つめる _{みつめる} 응시하다, 지긋이 보다

見直す _{みなおす} 다시 보다, 재검토하다

見慣れる _{みなれる} 늘 보아오다, 낯익다

見舞う _{みまう} 문안하다, 문병하다

目立つ _{めだつ} 눈에 띄다

申し込む _{もうしこむ} 신청하다

持ち上げる _{もちあげる} 들어올리다, 추켜올리다

呼びかける _{よびかける} 호소하다, 부르다, 말을 걸다

呼び出す _{よびだす} 호출하다, 불러내다

問題1 (　　　)に入れるのに最もよいものを、1・2・3・4から一つ選びなさい。。

1　(　　)保護に育った子どもは、物事を自分で決められない傾向がある。
　　1　超　　　　　　　2　過　　　　　　　3　大　　　　　　　4　多

2　(　　)時点で我々にできることはこれだけだ。
　　1　現　　　　　　　2　今　　　　　　　3　当　　　　　　　4　最

3　当サイトでは短期間ですぐ稼げる、(　　)収入のアルバイトをご紹介しています。
　　1　多　　　　　　　2　大　　　　　　　3　高　　　　　　　4　過

4　これは(　　)世紀最大の発見だ。
　　1　当　　　　　　　2　現　　　　　　　3　初　　　　　　　4　今

5　彼はソフトウェア開発の(　　)先端にいる。
　　1　最　　　　　　　2　前　　　　　　　3　真　　　　　　　4　完

6　ホームステイの家族と(　　)対面のあいさつをかわした。
　　1　始　　　　　　　2　初　　　　　　　3　出　　　　　　　4　先

7　今回のサミットでは、世界経済の(　　)問題について議論される。
　　1　多　　　　　　　2　深　　　　　　　3　諸　　　　　　　4　様

8　この国では4月に(　　)選挙が行われる。
　　1　全　　　　　　　2　統　　　　　　　3　或　　　　　　　4　総

9　郊外から都心へ向かう朝の通勤電車はいつも(　　)満員である。
　　1　超　　　　　　　2　過　　　　　　　3　越　　　　　　　4　至

10　そのドラマはおもしろいが、(　　)現実的だという批判もある。
　　1　不　　　　　　　2　非　　　　　　　3　未　　　　　　　4　莫

1　(　　)規則な食事が原因で体調を崩してしまった。

　　1 非　　　　　　2 未　　　　　　3 不　　　　　　4 無

2　その殺人事件は(　　)解決のまま3年がたっている。

　　1 否　　　　　　2 不　　　　　　3 没　　　　　　4 未

3　入社2ヶ月目で突然辞めるなんて、(　　)責任だとしか言いようがない。

　　1 非　　　　　　2 否　　　　　　3 無　　　　　　4 莫

4　1939年に作られたこの映画は「明日のことは明日考えよう」という(　　)セリフを残
　　した。

　　1 名　　　　　　2 高　　　　　　3 最　　　　　　4 大

5　近年情報技術の発達により、社会・経済の情報(　　)が進んでいる。

　　1 性　　　　　　2 化　　　　　　3 面　　　　　　4 的

6　自ら学ぶことの喜びや充実(　　)が得られる学習が何より大切だ。

　　1 観　　　　　　2 性　　　　　　3 度　　　　　　4 感

7　Aグループの創業者の生涯を描いた一冊の本が、私の人生(　　)を変えてくれた。

　　1 感　　　　　　2 路　　　　　　3 観　　　　　　4 見

8　雑誌「映画○○」の最新(　　)が出ていたので買って帰った。

　　1 紙　　　　　　2 号　　　　　　3 面　　　　　　4 巻

9　初対面の相手に個性を主張しすぎると、ライバル(　　)されやすい。

　　1 観　　　　　　2 化　　　　　　3 的　　　　　　4 視

10　止まっている車から煙が出ていると消防(　　)に通報があった。

　　1 署　　　　　　2 著　　　　　　3 所　　　　　　4 場

1 毎日外食していたら、食事(　　)もばかにならない。

   1 賃　　　　　　　2 代　　　　　　　3 金　　　　　　　4 料

2 ボランティアなんだから、お金は受け(　　)。

   1 かえません　　　2 とめません　　　3 とれません　　　4 こたえません

3 彼女は、来年結婚するといううわさを(　　)消した。

   1 とり　　　　　　2 うち　　　　　　3 かち　　　　　　4 おい

4 お客さんが忘れ物をしたことに気がついて追い(　　)が、見失ってしまった。

   1 かけた　　　　　2 はしった　　　　3 なおした　　　　4 こした

5 A選手は、始めは遅れていたが、25km地点でトップ集団に追い(　　)。

   1 かけた　　　　　2 ついた　　　　　3 こした　　　　　4 はしった

6 前を歩いていた人が急に(　　)止まったので、ぶつかりそうになった。

   1 うち　　　　　　2 とり　　　　　　3 たち　　　　　　4 ふみ

7 この道を(　　)当たって右に曲がると銀行があります。

   1 むかい　　　　　2 おし　　　　　　3 ふみ　　　　　　4 つき

8 道が分からなかったので通り(　　)の人に聞いてみたら、親切に教えてくれた。

   1 ゆき　　　　　　2 ぬき　　　　　　3 がかり　　　　　3 きり

9 北海道に旅行に行く予定だったが、地震のニュースを聞いて予約を取り(　　)。

   1 けした　　　　　2 とめた　　　　　3 かかった　　　　4 やんだ

10 予約キャンセルの場合、料金の払い(　　)は行なわれません。

   1 かえり　　　　　2 もどし　　　　　3 だし　　　　　　4 きり

問題4 (　　　)に入れるのに最もよいものを、1・2・3・4から一つ選びなさい。。

1　電話代を郵便局の窓口で払い(　　)。

　　1　もどした　　　　2　きった　　　　　3　ぬいた　　　　　4　こんだ

2　息子が全然勉強しないで漫画ばかり読んでいるので、全部(　　)上げた。

　　1　かり　　　　　　2　もち　　　　　　3　とり　　　　　　4　かい

3　土曜日出かける用事ができたので、子どもの世話を妹に頼んだら快く引き(　　)
　　くれた。

　　1　うけて　　　　　2　とめて　　　　　3　あげて　　　　　4　ぬいて

4　財布を置いてきたことに気がついて家に(　　)返した。

　　1　飛び　　　　　　2　引き　　　　　　3　帰り　　　　　　4　とり

5　ここ数年、売上高が前年を5〜10％(　　)まわっている。

　　1　うえ　　　　　　2　かみ　　　　　　3　じょう　　　　　4　うわ

6　たまたま手に取った本を読み(　　)、おもしろくてやめられなかった。

　　1　ぬいたら　　　　2　きったら　　　　3　かけたら　　　　4　すぎたら

7　校長先生は生徒たちにインフルエンザに注意するよう呼び(　　)。

　　1　かけた　　　　　2　あげた　　　　　3　やった　　　　　4　つめた

8　この歌を歌った歌手の名前がなかなか思い(　　)。

　　1　つかない　　　　2　だせない　　　　3　こめない　　　　4　でない

9　多くの人が、障害のある人は仕事ができないと思い(　　)いるのではないでし
　　ょうか。

　　1　だして　　　　　2　ついて　　　　　3　こんで　　　　　4　いたって

10　4月に雪が降るとはちょっと信じ(　　)。

　　1　かねない　　　　2　がたい　　　　　3　づらい　　　　　4　やすい

問題5 (　　　)に入れるのに最もよいものを、1・2・3・4から一つ選びなさい。。

1　健康なときは健康のありがたさを忘れ(　　)だ。
　　1　ぎみ　　　　　　2　がち　　　　　　3　っぽい　　　　　4　かけ

2　ちょっと疲れ(　　)だったので気分転換に外出した。
　　1　気分　　　　　　2　気持ち　　　　　3　さま　　　　　　4　気味

3　コーチはベンチで不安(　　)に試合を見つめていた。
　　1　げ　　　　　　　2　み　　　　　　　3　さ　　　　　　　5　き

4　彼女は日曜日(　　)教会に行く。
　　1　べつに　　　　　2　ごとに　　　　　3　おきに　　　　　4　たびに

5　旅行先で知り(　　)人と今もメールで連絡している。
　　1　ついた　　　　　2　こんだ　　　　　3　あった　　　　　4　とった

6　お天気(　　)でどこへ行くか決めよう。
　　1　次第　　　　　　2　付き　　　　　　3　加減　　　　　　4　勝手

7　服にガムが(　　)ついてとれない。
　　1　つっ　　　　　　2　くっ　　　　　　3　ぶっ　　　　　　4　ひっ

8　マイケル・ジャクソンの突然の死に世界(　　)の人々が悲しんだ。
　　1　地　　　　　　　2　内　　　　　　　3　中　　　　　　　4　限

9　夜になると、この町には、道路(　　)に屋台が出る。
　　1　どおり　　　　　2　がけ　　　　　　3　あい　　　　　　4　ぞい

10　ある日彼女は、一(　　)の手紙をもらった。
　　1　便　　　　　　　2　着　　　　　　　3　通　　　　　　　4　冊

問題6 (　　　)に入れるのに最もよいものを、1・2・3・4から一つ選びなさい。。

1　そんなことでけんかするなんて子ども(　　)。
　　1　らしい　　　　　2　ぎみだ　　　　　3　っぽい　　　　4　がちだ

2　この作業をするにはやり方が2(　　)ある。
　　1　か所　　　　　　2　通り　　　　　　3　方　　　　　　4　個

3　テストの後は見(　　)を忘れないようにしてください。
　　1　なおし　　　　　2　わたし　　　　　3　かけ　　　　　4　おろし

4　初めて会う人は彼の迫力のある話し(　　)に圧倒されてしまう。
　　1　どおり　　　　　2　ぶり　　　　　　3　つき　　　　　4　ちょうし

5　パーティー用の料理なので二、三人分多(　　)に作った。
　　1　く　　　　　　　2　め　　　　　　　3　み　　　　　　4　き

6　靴下が(　　)方見つからなくて部屋中探しまわった。
　　1　片　　　　　　　2　単　　　　　　　3　切　　　　　　4　相

7　(　　)朝10時に北海道へ向け出発した。
　　1　明　　　　　　　2　次　　　　　　　3　相　　　　　　4　翌

8　これは子供(　　)の映画だが、大人が見てもおもしろい。
　　1　じみ　　　　　　2　ぎみ　　　　　　3　むけ　　　　　4　ため

9　雨が降っているせいか、部屋の中が(　　)暑かったので窓を開けた。
　　1　うす　　　　　　2　むし　　　　　　3　ほそ　　　　　4　うわ

10　現金をたくさん持ち(　　)のはあぶない。
　　1　あるく　　　　　2　あがる　　　　　3　とる　　　　　4　やる

PART 4

문맥 규정

N2

문맥 규정에서는 무엇을 평가합니까?

- 문장의 흐름에 맞는 어휘를 고르는 문제이다.
- 신시험에서는 어휘의 활용 능력을 평가하기 때문에 해당 단어가 쓰이는 상황을 이해하고 있는지를 묻는다.

문맥 규정에는 어떤 문제가 나오고 준비하기 위해선 무엇을 어떻게 공부해야 할까요?

- 가능하면 문장 단위로, 적어도 구 단위로 단어를 공부하는 것이 바람직하다. 예를 들면 부사의 경우, 「ぎっしりつまっている(빽빽히 채워져 있다)」, 「しみじみ感じる(절실히 느끼다)」처럼 술어와 같이 외우는 것이 효율적이다.
- 품사별로 고루 출제되고 있으며 어휘의 의미를 정확히 이해하는 것이 중요하므로 공부하는 단계에서부터 단어가 쓰이는 상황을 연상하여 공부하도록 한다.

♣ 유형 맛보기

1   朝まで寝ないで漫画を読んでいたので、授業中に何度も(　　　)が出た。

    1 あくび   2 せき   3 しゃっくり   4 くしゃみ

정답_ 1 あくび 하품

해석_ 아침까지 자지 않고 만화를 읽었더니 수업 중에 몇 번이나 하품이 나왔다.

2   この椅子は身長に合わせて高さが(　　　)できるようになっています。

    1 調節   2 安定   3 処理   4 共通

정답_ 1 調節ちょうせつ 조절

해석_ 이 의자는 신장에 맞춰 높이를 조절할 수 있게 되어 있습니다.

명사

あくび 하품	09
足元 あしもと 발밑	03
育児 いくじ 육아	02
維持 いじ 유지	96
緯度 いど 위도	07
いねむり 졸음	96
引退 いんたい 은퇴	03
インタビュー 인터뷰	98
うわさ 소문	04
影響 えいきょう 영향	97
営業 えいぎょう 영업	01
エネルギー 에너지	08
エンジン 엔진	01
演説 えんぜつ 연설	99
解釈 かいしゃく 해석	96
改造 かいぞう 개조	06
覚悟 かくご 각오	05
確認 かくにん 확인	95
空 から 속이 빔	06
カロリー 칼로리	96, 02
感覚 かんかく 감각	06

環境 かんきょう 환경	94
感情 かんじょう 감정	93
感動 かんどう 감동	92
管理 かんり 관리	99
きっかけ 계기	96
記入 きにゅう 기입	07
休暇 きゅうか 휴가	98
キャンパス 캠퍼스	00
共通 きょうつう 공통	02
緊張 きんちょう 긴장	97
苦労 くろう 고생, 수고	01
限界 げんかい 한계	98
克服 こくふく 극복	03
コピー 복사	97
コミュニケーション 커뮤니케이션	03
サービス 서비스	91
作業 さぎょう 작업	93
三位 さんい 삼위	94
時期 じき 시기	91, 93
実現 じつげん 실현	98
指定 してい 지정	97
しめきり 마감	02

実験 じっけん 실험	99
シャッター 셔터	98
集中 しゅうちゅう 집중	92
順番 じゅんばん 순번	94
隙 すき 틈, 사이	02
スカーフ 스카프	99
スケジュール 스케줄	04
スタート 스타트	06
性格 せいかく 성격	98
全体 ぜんたい 전체	94
尊重 そんちょう 존중	91
対策 たいさく 대책	91
対立 たいりつ 대립	09
チーム 팀	08
中心 ちゅうしん 중심	92
調節 ちょうせつ 조절	07
通信 つうしん 통신	97
提案 ていあん 제안	94
徹夜 てつや 철야	02
手間 てま 수고, 번거로움	05
手前 てまえ 자기 앞	94
土地 とち 토지, 땅	93

トップ 최고, 정상　94

ドラマ　드라마　95

努力 どりょく 노력　00

ながめ 전망, 조망　97

ノック 노크　05

配達 はいたつ 배달　95, 08

拍手 はくしゅ 박수　03

はし 끝, 가장자리　91

発揮 はっき 발휘　09

発見 はっけん 발견　94

発売 はつばい 발매　99

比較 ひかく 비교　05

費用 ひよう 비용　00

不満 ふまん 불만　95

プログラム 프로그램　91, 94

摩擦 まさつ 마찰　96

見 み かけ 겉모습　92

見出 みだ し 표제, 헤드라인　08

向 む かい 맞은 편　93

面接 めんせつ 면접　07

要旨 ようし 요지　99

様子 ようす 모습　93

容積 ようせき 용적　09

リズム 리듬　99

流行 りゅうこう 유행　01

レベル 레벨　07

동사

あこがれる 동경하다　93, 99, 08

預ける あずける 맡기다　97, 06

あふれる 넘치다　05

いじめる 괴롭히다　00

抱く いだく (꿈·이상 등을) 품다　02

失う うしなう 잃다　98

おさめる 거두다　04

かかえる 안다, 부담을 지다　92

感じる かんじる 느끼다　96

効く きく 효과가 있다　01

切れる きれる 다하다, 끊어지다　91

くだく 부수다　97

けずる 깎다　95

逆う さからう 거역하다　07

さまたげる 방해하다　93

覚める さめる 잠이 깨다, 눈이 뜨이다　08

冷める さめる 식다　98

しく 깔다　09

しゃべる 지껄이다　98

属する ぞくする 소속하다　96

そなえる 대비하다, 구비하다　92

そろえる 가지런히 맞추다, 갖추다　96

炊く たく 밥을 짓다　03

近かづける ちかづける 가까이 대다　94

つける 붙이다, 몸에 배게 하다　91

照らす てらす 비추다　94

とじる 감다, 닫다　91

ならう 따라하다　00

のりこえる 극복하다　92

話しかける はなしかける 말걸다　04

はやる 유행하다　95

任かせる まかせる 맡기다　91

雇う やとう 고용하다　99

い형용사

あわただしい 분주하다　97

おそろしい 무섭다　99

おとなしい 얌전하다　92

かしこい 영리하다　93

きつい 꼭 끼다, 빡빡하다　06

くどい 장황하다　97, 08

濃い こい 진하다　91

詳しい くわしい 상세하다　03	苦手な にがてな 서툴, 자신이 없는　03	さて 그럼, 그건 그렇고　04
しつこい 끈질기다　05	派手な はでな 화려한　01	しかも 더구나, 게다가　98
するどい 날카롭다　92	無事な ぶじな 무사한　93	じきに 바로　00
そそっかしい 덜렁대다, 경솔하다　07	平和な へいわな 평화로운　05	しだいに 점점　06
だらしない 칠칠치 못하다, 한심하다　95	ほがらかな 명랑한　01	したがって 따라서　93
とんでもない 터무니없다, 당치도 않다　00	有効な ゆうこうな 유효한　95	しみじみ 절실히, 깊이　97
懐しい なつかしい 그립다, 정겹다　00	愉快な ゆかいな 유쾌한　02	しめた 됐어, 잘 됐어　98
貧しい まずしい 가난하다　09		すなわち 즉　00
もうしわけない 죄송하다 98		そういえば 그러고 보니　06

부사

	案外 あんがい 의외로　04	続々と ぞくぞくと 계속해서, 줄줄이　09
な형용사	意外にも いがいにも 의외로, 뜻밖에도 99	そこで 그래서　95
明らかな あきらかな 명백한　92	いきなり 갑자기, 느닷없이　95	それでも 그래도, 그렇더라도　94
あたりまえな 당연한　98	一度 いちど 한 번　95	ただし 단, 다만　05
安易な あんいな 안이한　95, 99	いっせいに 일제히　96	ただちに 즉시, 즉각　94
主な おもな 주된　93, 01	いつのまにか 어느샌가, 어느덧　06	ちゃんと 제대로　03
格別な かくべつな 각별한　97	いまにも 당장에라도　92	つい 그만, 나도 모르게　92
厳重な げんじゅうな 엄중한　97	いよいよ 드디어, 이제　95	常に つねに 항상　02
地味な じみな 수수한　04	いわば 말하자면　96, 01	どうしても 반드시, 아무래도　08
順調な じゅんちょうな 순조로운　06	いわゆる 소위, 이른바　07	どうせ 어차피　91
慎重な しんちょうな 신중한　08	うっかり 깜박, 무심코　99	とっくに 진작에, 이미　05
スムーズな 거침이 없는, 스무스한　09	おのおの 각자, 각각　95	なお 그리고, 또한　03
手ごろな てごろな 적당한　00	がっかり 실망한 모양　91	なんでも 무엇이든지　94
透明な とうめいな 투명한　98	ぎっしり 빼곡이　97	なんとなく 왠지, 어딘지　92

ばったり 뜻밖에 마주치는 모양, 딱　91

ぴったり 딱 맞는 모양　92

ほとんど 거의, 대부분　98

まあまあ 그럭저럭, 그런대로　07

まごまご 우물쭈물　96

まっさきに 제일 먼저　99

やたらに 몹시, 함부로, 마구　97

喜んで よろこんで 기꺼이　99

기타

不ふ～ 불~　08

短たん～ 단~　96

～気味ぎみ 기미, 경향, 기색　02

～沿いぞい ~따라　09

顔が広い かおがひろい
발이 넓다, 아는 사람이 많다　91

気が長い きがながい 성미가 느긋하다　95

口くちがかたい 입이 무겁다　93

首を長くする くびをながくする
목을 빼고 기다리다　91

仕方しかたがない 어쩔 수 없다　04

ひどい目め 힘든 상황, 된서리　96

耳にする みみにする 듣다　01

やむをえない 어쩔 수 없다　93

ごくろうさま 수고했어요　09

ご遠慮なく ごえんりょなく
사양하지 마시고　07

おかまいなく
부디 신경쓰지 마세요　05

おきのどくに
안 됐군요, 가엾게도　93

ごぶさたしております
격조했습니다　96

お世話せわになりました
신세 많았습니다, 신세졌습니다　04

お伝つたえください
안부전해주세요　94

추상적인 명사

あらすじ 줄거리, 개요	工夫くふう 연구, 궁리	状況じょうきょう 상황
意見いけん 의견	敬意けいい 경의	焦点しょうてん 초점
意志いし 의지	契機けいき 계기	姿すがた 모습
意識いしき 의식	気配けはい 기척, 기미	隅すみ 구석
印象いんしょう 인상	見解けんかい 견해	精神せいしん 정신
恨みうらみ 원한, 원망	苦労くろう 고생	組織そしき 조직
うわさ 소문	苦痛くつう 고통	体操たいそう 체조
用途ようと 용도	好みこのみ 취향, 기호	態度たいど 태도
確率かくりつ 확률	好き嫌いすききらい 좋고 싫음	立場たちば 입장
活気かっき 활기	限度げんど 한도	試しためし 시도, 시험
格好かっこう 모습, 모양	見当けんとう 짐작, 어림	短所たんしょ 단점
勘かん 직감, 감	口実こうじつ 구실	知恵ちえ 지혜
感覚かんかく 감각	欠陥けっかん 결함	つじつま 조리, 이치
関心かんしん 관심	構造こうぞう 구조	中身なかみ 내용물, 알맹이
感想かんそう 감상	娯楽ごらく 오락	願いねがい 바램
機嫌きげん 기분, 심기, 비위	逆さまさかさま 거꾸로, 반대로	ねらい 겨냥, 표적, 목적
気分きぶん 기분	地震じしん 지진	能率のうりつ 능률
希望きぼう 희망	姿勢しせい 자세	望みのぞみ 바램
気味きみ 기운, 느낌	質しつ 질	場合ばあい 경우
競技きょうぎ 경기	弱点じゃくてん 약점	端はし 끝, 가장자리
興味きょうみ 흥미	習慣しゅうかん 습관	発想はっそう 발상
	条件じょうけん 조건	場面ばめん 장면, 상황

範囲 はんい 범위	**사회, 경제에 관한 명사**	しつけ 예의범절을 가르침
皮肉 ひにく 비꼼	相手 あいて 상대	実行 じっこう 실행
批判 ひはん 비판	お礼 おれい 사례, 인사	実施 じっし 실시
評判 ひょうばん 평판	学力 がくりょく 학력	品 しな 물건
評価 ひょうか 평가	為替 かわせ 환, 환전	消費 しょうひ 소비
不満 ふまん 불만	会計 かいけい 회계	人事 じんじ 인사
不平 ふへい 불평	価格 かかく 가격	責任 せきにん 책임
雰囲気 ふんいき 분위기	企業 きぎょう 기업	世間 せけん 세간, 세상
分野 ぶんや 분야	技術 ぎじゅつ 기술	成績 せいせき 성적
方面 ほうめん 방면	義務 ぎむ 의무	設備 せつび 설비
誇り ほこり 자랑, 긍지	教育 きょういく 교육	装置 そうち 장치
祭り まつり 축제	教養 きょうよう 교양	通貨 つうか 통화
見かけ みかけ 외관, 겉모습	行儀 ぎょうぎ 예의범절, 행동의 예의	手続き てつづき 수속, 절차
夢中 むちゅう 열중함, 푹 빠짐	契約 けいやく 계약	手間 てま 수고, 번거로움
目標 もくひょう 목표	権利 けんり 권리	同僚 どうりょう 동료
行方 ゆくえ 행방	功績 こうせき 공적	値段 ねだん 가격
勇気 ゆうき 용기	財産 ざいさん 재산	畑 はたけ 밭
様子 ようす 모습	才能 さいのう 재능	犯罪 はんざい 범죄
余分 よぶん 여분, 남는 것	作物 さくもつ 농작물	費用 ひよう 비용
余裕 よゆう 여유	裁判 さいばん 재판	広場 ひろば 광장
要旨 ようし 요지	作法 さほう 예의범절, 예법	不正 ふせい 부정
流行 りゅうこう 유행	産業 さんぎょう 산업	部品 ぶひん 부품
	資源 しげん 자원	見本 みほん 견본

役割 やくわり 역할	鎖 くさり 사슬, 체인	毒 どく 독
世の中 よのなか 세상	くしゃみ 재채기	眺め ながめ 경치, 조망
利益 りえき 이익	血圧 けつあつ 혈압	涙 なみだ 눈물
礼儀 れいぎ 예의	光景 こうけい 광경	根 ね 뿌리
	雑音 ざつおん 잡음	半島 はんとう 반도

자연, 의식주에 관한 명사

泡 あわ 거품	湿気 しっけ 습기	柱 はしら 기둥
あくび 하품	しっぽ 꼬리	ひざ 무릎
汗 あせ 땀	霜 しも 서리	ひじ 팔꿈치
息 いき 숨	食品 しょくひん 식품	額 ひたい 이마
一生 いっしょう 평생	食料 しょくりょう 식료품	ひも 끈
命 いのち 목숨	蛇口 じゃぐち 수도꼭지	風景 ふうけい 풍경
衣服 いふく 의복	住所 じゅうしょ 주소	ふた 뚜껑
腕 うで 팔	住宅 じゅうたく 주택	実 み 열매
餌 えさ 먹이	寿命 じゅみょう 수명	岬 みさき 갑, 곶
枝 えだ 나무가지	住まい すまい 사는 곳	芽 め 싹, 눈
おかず 반찬	栓 せん 뚜껑	物音 ものおと 어떤 소리
おやつ 간식	騒音 そうおん 소음	木綿 もめん 면
香り かおり 향기, 냄새	袖 そで 소매	やけど 화상
肩 かた 어깨	大気 たいき 대기	床 ゆか 마루, 바닥
かび 곰팡이	種 たね 씨, 종자	脇 わき 겨드랑이
気候 きこう 기후	つや 윤, 광택	湾 わん 만
きず 상처	天井 てんじょう 천정	
	天候 てんこう 날씨	

동사

あきらめる 체념하다, 포기하다	かたよる (한 쪽으로) 기울어지다	しぼむ 시들다, 위축되다
あきれる 어이없다, 질리다	かわす (약속, 인사 등을) 나누다	しぼる 짜다
あける 날이 밝다	きく 효과를 발휘하다	しゃがむ 웅크리다, 구부리다
あこがれる 동경하다	きせる 입히다	しゃべる 말하다, 지껄이다
あじわう 맛보다	くぎる 나누다, 구분하다	しょうじる 생기다, 발생하다
あずける 맡기다	くだける 부서지다	すう 빨아들이다, 피우다
あずかる 맡다	くたびれる 매우 피곤해지다	すきとおる 투명하다
あてはまる 들어맞다	くるむ 감싸다	すすめる 권하다, 진행하다
あばれる 날뛰다, 난폭하게 굴다	くわえる 입에 물다	そる (수염 등을) 깎다
あふれる 넘치다	ける 차다	それる 벗어나다, 일탈하다
あぶる 쬐어 굽다	こえる 넘다, 초과하다	たすかる 도움이 되다, 살아나다
あまやかす 응석을 받아주다	こぐ (보트, 자전거 등을) 젓다	たしかめる 확인하다
あわてる 당황하다	こしらえる 만들다, 마련하다	だます 속이다
いじめる 괴롭히다	こめる 담다	たまる 쌓이다
いたる 이르다	こらえる 억누르다	だまる 잠자코 있다, 아무 말 않다
うちあわせる 사전 논의하다	さかのぼる 거슬러올라가다	ためらう 주저하다
うらぎる 배신하다	さからう 거역하다	ちかよる 다가가다
おそわる 가르침을 받다	ささやく 속삭이다	ちぎる 잘게 찢다
おどろかす 놀라게 하다	さびる 녹슬다	つうじる 통하다
かかえる (고민, 문제 등) 끌어 안다	さめる 식다	つかまえる 잡다, 붙잡다
かじる 갉아먹다, 베어먹다	さわぐ 떠들다	つきる 다하다
かたむく (경사가) 기울어지다	しはらう 지불하다	つとめる 근무하다, 노력하다
	しびれる 저리다, 마비되다	つながる 이어지다, 연결되다

つなぐ 잇다, 연결하다	はさむ 끼우다	めぐる 돌다, 둘러싸다
つぶす 찌부러뜨리다, 시간을 때우다	はずれる 벗어나다, 빗나가다	めだつ 눈에 띄다
つぶれる 찌부러지다, 망하다	はなれる 떨어지다, 멀어지다	もたれる 기대다
つまずく 걸리다, 걸려 넘어지다	はねる 튀어오르다, 치다, 받다	もとづく 기인하다, 기초하다
つめる 채우다, 좁히다	はめる 끼우다	やぶれる 찢어지다, 패하다
であう 우연히 만나다	はやる 유행하다	ゆでる 데치다, 삶다
できあがる 완성되다	はりきる 의욕에 넘치다	ゆれる 흔들리다
とく 풀다, 녹이다	ひっかかる 걸리다	よこす 보내오다
とける 풀리다, 녹다	ひっくりかえす 뒤집히다, 엎어지다	よごれる 더러워지다
なぐさめる 위로하다	ひねる 비틀다	よせる 보내 오다, 밀려 오다
なくなる 죽다, 돌아가다	ふくめる 포함하다	わく 끓다, 솟다
なでる 쓰다듬다	ふける (밤, 계절 등이) 깊어지다	わびる 사과하다
にあう 어울리다	ぶつける 부딪치다	
ねがう 바라다	ふるえる 떨다	
ねじる 비틀다, 꼬다	ふれる 접하다, 접촉하다	
ねむる 잠들다	ます 늘리다, 정도를 높이다	
ねらう 노리다	まねる 흉내내다	
のせる 태우다, 싣다	むかう 향하다	
のびる 뻗다, 신장되다, 연기되다	むく (껍질 등을) 벗기다	
のべる 서술하다, 진술하다	むす 찌다	
はえる 돋아나다	めいじる 명하다	
はがす 떼어내다	めざす 목표로 하다	
はさまる 끼이다	めぐまれる 혜택 받다, 풍부하다	

い형용사

あおじろい	푸르스름하다, 창백하다
あつかましい	뻔뻔하다
あやうい	위태롭다
あやしい	수상하다
あわただしい	분주하다, 황망하다
うすぐらい	어두컴컴하다
うらやましい	부럽다
おそろしい	무섭다, 두렵다
おとなしい	얌전하다
おめでたい	경사스럽다, 축하할 만하다
おもいがけない	생각지도 않다
かしこい	영리하다
かゆい	가렵다
かわいらしい	귀엽다, 사랑스럽다
きつい	힘들다, 독하다, 꽉 끼다
くだらない	시시하다, 하찮다
くどい	장황하다
くるしい	답답하다, 고통스럽다
くやしい	분하다, 후회스럽다
くわしい	자세하다, 잘 알다
けむい	(연기로) 맵다
こい	진하다

こいしい	그립다
さしつかえない	지장 없다
さわがしい	시끄럽다
しおからい	짜다
したしい	친하다
しつこい	끈질기다
ずうずうしい	뻔뻔하다
すっぱい	시다
ずるい	교활하다
するどい	날카롭다, 예리하다
そうぞうしい	시끄럽다
そそっかしい	덜렁대다
たのもしい	믿음직스럽다
だらしない	칠칠치 못하다
ちからづよい	마음 든든하다, 힘차다
つらい	힘들다, 괴롭다
とんでもない	당치도 않다
なつかしい	그립다
にくらしい	얄밉다
にぶい	둔하다
ぬるい	미지근하다
のろい	느리다
ばからしい	터무니 없다, 바보 같다

はげしい	격렬하다, 심하다
はなはだしい	정도가 심하다
ひどい	심하다, 지독하다
ひとしい	동일하다
ふさわしい	어울리다
まずしい	가난하다
まぶしい	눈부시다
みにくい	못생기다, 추하다
みっともない	꼴불견이다
むしあつい	무덥다
めずらしい	진기하다, 드물다
めでたい	경사스럽다
めんどうくさい	귀찮다
ものすごい	굉장하다
もったいない	아깝다
もうしわけない	죄송하다, 미안하다
やかましい	시끄럽다
ゆるい	느슨하다, 헐렁하다
わかわかしい	매우 젊다

な형용사

あいまいな 애매한	強引な こういんな 억지인, 무리한	苦手な にがてな 자신없는, 서툰
明らかな あきらかな 명백한	さかんな 활발한, 왕성한	にわかな 갑작스러운
当たり前な あたりまえな 당연한	さわやかな 상쾌한	のんきな 태평한, 낙관적이고 느긋한
新たな あらたな 새로운	幸せな しあわせな 행복한	莫大な ばくだいな 막대한
安易な あんいな 안이한	地味な じみな 수수한	派手な はでな 화려한
意地悪な いじわるな 심술궂은	正直な しょうじきな 정직, 솔직한	ひきょうな 비겁한
おおげさな 과장된	上品な じょうひんな 품위있는	皮肉な ひにくな 얄궂은
おおざっぱな 대략적인, 엉성한	丈夫な じょうぶな 튼튼한	微妙な びみょうな 미묘한
おしゃべりな 수다가 많은	真剣な しんけんな 진지한	不思議な ふしぎな 신기한
穏やかな おだやかな 온화한	すなおな 순진한, 솔직한	無事な ぶじな 무사한
主な おもな 주된	ぜいたくな 사치스러운	不自由な ふじゆうな 부자유스러운
かってな 제멋대로인	退屈な たいくつな 심심한, 따분한	ぶっそうな 뒤숭숭한, 시끌벅적한
かわいそうな 불쌍한	平らな たいらな 평평한	平気な へいきな 태연한, 아무렇지도 않은
感心な かんしんな 기특한	強気な つよきな 기가 센, 강경한	ほがらかな 명랑한
気の毒な きのどくな 안 된, 불쌍한	ていねいな 정중한, 정성스러운	真っ青な まっさおな 새파란
器用な きような 손재주가 많은	的確な てきかくな 적확한	まれな 드문
気楽な きらくな 맘 편한	手ごろな てごろな 알맞은	見事な みごとな 훌륭한
けちな 구두쇠인	でたらめな 엉터리인	みじめな 비참한
結構な けっこうな 괜찮은, 훌륭한	得意な とくいな 잘하는, 자신있는	妙な みょうな 묘한
下品な げひんな 품위 없는	なまいきな 건방진	むだな 소용없는, 헛된, 낭비인
	なだらかな 경사가 완만한	めちゃくちゃな 엉망인, 뒤죽박죽인

	부사	
めんどうな 귀찮은	あいかわらず 변함없이	いったい 대체, 도대체
やっかいな 까다로운	あいにく 공교롭게도	いったん 일단
ゆだかな 풍부한	あくまで 어디까지나	いつのまにか 어느 샌가
容易な よういな 용이한	あくる 다음의	いまに 얼마 없어, 곧
陽気な ようきな 밝은	あやうく 자칫하면	いまにも 지금이라도
余計な よけいな 쓸데없는	あらためて 바꿔서, 재차, 다시	いよいよ 드디어, 이제
楽な らくな 편안한, 수월한	あらゆる 모든	いらいら 초조해하는 모양
利口な りこうな 영리한, 똑똑한	あるいは 혹은	いわば 말하자면, 비유하자면
立派な りっぱな 훌륭한	あれこれ 이것저것, 이러쿵저러쿵	うっかり 깜박하는 모양
わがままな 제멋대로인	案外 あんがい 의외로	うろうろ 어슬렁 어슬렁
わずかな 아주 적은	いきいき 생생한, 활기찬, 의욕 넘치는	うんと 매우, 몹시, 많이
	いきなり 갑자기, 느닷없이	おおいに 크게, 거하게
	いくぶん 어느 정도, 다소	おそらく 아마도
	いずれ 조만간, 머잖아	おのおの 각각, 각기
	いちいち 일일이	思いっきり 마음껏
	一応 いちおう 일단, 우선	主 おもに 주로
	一段 いちだんと 한층 더	思わず おもわず 저도 모르게
	一度 いちどに 한꺼번에	およそ 무릇, 원래, 대략
	一斉 いっせいに 일제히	かえって 오히려
	いっそう 한층 더	がっかり 실망하는 모양
		かってに 멋대로

必_{かなら}ずしも 반드시 (~한 것은 아니다)

かなり 꽤, 상당히

きちんと 제대로, 확실히

ぎっしり 빼곡히

ぐっすり 푹 자는 모양

くれぐれも 아무쪼록

結局_{けっきょく} 결국

現に_{げんに} 실제로, 현실로

極_{ごく} 극히

こっそり 몰래, 살그머니

この間_{このあいだ} 요전

幸い_{さいわい} 다행히

先ほど_{さきほど} 아까, 조금전

さすが 역시, 과연

さっさと 재빨리, 얼른

早速_{さっそく} 즉시, 곧

ざっと 대충

さっぱり 기분, 맛 등이 깔끔한 모양

さらに 더, 더욱

直に_{じかに} 직접

じきに 곧, 금방

しきりに 끊임없이, 계속

次第に_{しだいに} 점차, 차츰

じっと 가만히, 지긋이

実に_{じつに} 실로, 정말로

しばしば 자주

しみじみ 절실히, 깊이

徐々に_{じょじょに} 서서히

しんと 아주 조용한 모양

少なくとも_{すくなくとも} 적어도

すっかり 완전히

すっきり 깔끔한 모양, 시원한 모양

すっと 막히지 않고 시원한 모양

ずっと 쭉, 훨씬

すでに 이미

すべて 전부, 모두

ずらり 쭉 늘어선 모양

せいぜい 기껏해야

せっかく 모처럼

せっせと 착실히, 열심히

ぜひとも 꼭, 부디

せめて 적어도

相当_{そうとう} 상당히

続々_{ぞくぞく} 연이어, 잇달아

そっくり 전부, 몽땅, 그대로, 꼭 닮음

そっと 살짝

そのうち 얼마 없어, 조만간

それぞれ 각각

大して_{たいして} 그다지

大した_{たいした} 대단한

たいそう 상당히, 매우

絶えず_{たえず} 끊임없이

確か_{たしか} 분명히(과거에 대한 추정)

確かに_{たしかに} 확실히

ただ 오직, 그저, 단지, 겨우, 단

ただちに 즉각, 즉시

たちまち 순식간에, 즉시

たった 단, 단지

たっぷり 듬뿍

たとえ 비록

たびたび 자주, 종종

たまたま 우연히

単なる_{たんなる} 단순한

単にたんに 단순히

ちっとも 조금도

ちゃくちゃくと 착착

ちゃんと 제대로, 확실히

つい 나도 모르게, 그만

ついに 마침내, 드디어

次々につぎつぎに 계속해서, 차례로

どうか 아무쪼록, 제발

どうしても 아무리 해도, 꼭

どうせ 어차피

どうにか 어떻게든, 그럭저럭

どきどき 두근두근

とっくに 진작에, 훨씬 전에

突然とつぜん 돌연, 갑자기

どっと 한꺼번에 밀려오는 모양

とても 도저히 (~않다)

とにかく 어쨌든

ともかく 어쨌든, 다른 것은 둘째치고

とりあえず 우선

なお 그리고, 또한

なにも 아무것도, 특별히

なんて 어쩌면 그렇게, 뭐라고, 놀랍게도

なんとか 어떻게든, 그럭저럭

なんとなく 왠지

なんとも 뭐라고(도)

にこにこ/にっこり 생글생글, 방글방글

にわかに 갑자기

残らずのこらず 남김없이

のろのろ 느릿느릿

のんびり 느긋한 모양

はきはき 또랑또랑, 시원시원

果してはたして 과연

はっきり 분명히, 똑똑히

ばったり 생각지도 않게 딱 맞닥뜨림

ぴかぴか 번쩍번쩍

非常にひじょうに 매우

ぴったり 딱 맞음

一通りひととおり 한 차례, 대강, 대충

ひとまず 우선

ひとりでに 저절로

再びふたたび 재차, 다시

ぶつぶつ 투덜투덜, 중얼중얼

ふと 문득

ぶらぶら 어슬렁 어슬렁

方々ほうぼう 여기 저기

ほぼ 거의

ほんの 매우 적음

ぼんやり 뚜렷하지 않은 모양, 멍한 모양

まごまご 우물쭈물

まさか 설마

ますます 점점 더

まったく 완전히, 전혀

まるで 마치

まもなく 머지않아, 얼마 안 되어, 곧

むしろ 오히려

銘々めいめい 각자

めっきり 확연히, 눈에 띄게

めったに 좀처럼 ~않다

めちゃくちゃ 엉망진창

もしかしたら 혹시, 만일

もしかすると 혹시, 만일

もっとも 가장, 제일

もともと 원래

やがて 이윽고, 머잖아, 얼마 안 있어

やや 조금

余計よけい 더, 더욱

わざと 일부러, 고의로

わずか 불과, 단

わりに/わりと 비교적

問題1 (　　　)に入れるのに最もよいものを、1・2・3・4から一つ選びなさい。。

1 父は病気のため食事が(　　　)されている。
1 制作　　　　　2 制限　　　　　3 限度　　　　　4 中止

2 彼女は自分の(　　　)で大学を自主退学した。
1 意外　　　　　2 意識　　　　　3 意志　　　　　4 意見

3 戦争をなくし、平和を(　　　)するための努力をする。
1 保存　　　　　2 維持　　　　　3 保護　　　　　4 意地

4 彼女は電話の(　　　)が上手だ。
1 応対　　　　　2 対応　　　　　3 応用　　　　　4 応接

5 試合の(　　　)を知らせるサイレンが鳴った。
1 開放　　　　　2 開通　　　　　3 開会　　　　　4 開始

6 より多くのお客さんに来てもらうために、サービスを(　　　)することにした。
1 改造　　　　　2 改正　　　　　3 改善　　　　　4 改修

7 最近、日本のプロ野球界で韓国選手の(　　　)が目立っている。
1 生活　　　　　2 活用　　　　　3 活躍　　　　　4 動作

8 彼はその少年の音楽的な才能に(　　　)した。
1 同感　　　　　2 共感　　　　　3 感想　　　　　4 感心

9 小中学校の無料給食の実施について委員会で(　　　)が行われた。
1 討議　　　　　2 同意　　　　　3 戦争　　　　　4 論理

10 1年を四つの季節に(　　　)する。
1 区分　　　　　2 区別　　　　　3 区域　　　　　4 区画

1 　現場の経験のない彼に、この仕事ができるかどうかは(　　　)である。
　　1 問題　　　　　　2 質問　　　　　　3 疑問　　　　　　4 問答

2 　(　　　)を高めるために外国語を学ぶ。
　　1 教養　　　　　　2 教育　　　　　　3 教師　　　　　　4 知識

3 　商品に(　　　)があった場合は着払いで返品をお願いします 。
　　1 失礼　　　　　　2 欠点　　　　　　3 欠陥　　　　　　4 見解

4 　卒業後の進路について(　　　)に考えている。
　　1 本当　　　　　　2 真実　　　　　　3 真剣　　　　　　4 本心

5 　人間の能力には(　　　)がある。
　　1 限定　　　　　　2 限界　　　　　　3 制限　　　　　　4 期限

6 　その山の火事の(　　　)はいまだにわかっていない。
　　1 理由　　　　　　2 原因　　　　　　3 原理　　　　　　4 出発

7 　妹と(　　　)で部屋の掃除をすることにした。
　　1 交替　　　　　　2 交換　　　　　　3 交差　　　　　　4 交流

8 　その芸能人は結婚にあたって(　　　)マンションを購入したそうだ。
　　1 高価　　　　　　2 高級　　　　　　3 高等　　　　　　4 高速

9 　インターネットを利用して(　　　)をしている人が多くなった。
　　1 生産　　　　　　2 産業　　　　　　3 商売　　　　　　4 売上

10 　弁護士は彼のアリバイを(　　　)する証拠を提出した。
　　1 明確　　　　　　2 証明　　　　　　3 確実　　　　　　4 実験

問題3 (　　　)に入れるのに最もよいものを、1・2・3・4から一つ選びなさい。。

1 彼は腕のいい靴(　　　)として知られている。
   1 作家　　　　　　2 著者　　　　　　3 職人　　　　　　4 作者

2 急にお腹がいたくなったので病院に行って(　　　)してもらった。
   1 診察　　　　　　2 考察　　　　　　3 点検　　　　　　4 検討

3 子供一人を21歳まで育てる費用は、平均で1,300万円と(　　　)されている。
   1 推理　　　　　　2 考察　　　　　　3 推定　　　　　　4 思考

4 これは輸入制限の(　　　)になっている食品のひとつだ。
   1 対照　　　　　　2 対称　　　　　　3 対象　　　　　　4 大勝

5 子供のとき見た映画の(　　　)がどうしても思い出せない。
   1 名字　　　　　　2 本名　　　　　　3 題名　　　　　　4 名目

6 この機械の(　　　)は故障しにくいところだ。
   1 長所　　　　　　2 利益　　　　　　3 用途　　　　　　4 便利

7 だれがリーダーになるかは(　　　)で決めよう。
   1 投書　　　　　　2 投票　　　　　　3 登録　　　　　　4 選出

8 彼女はすべて自分が(　　　)がいくまでやらないと気がすまないタイプだ。
   1 解釈　　　　　　2 理解　　　　　　3 納得　　　　　　4 認定

9 (　　　)は働き、夜勉強した。
   1 日常　　　　　　2 日時　　　　　　3 日課　　　　　　4 日中

10 そのテレビは20万という(　　　)がついていた。
   1 価値　　　　　　2 利益　　　　　　3 値段　　　　　　4 料金

問題4 (　　　　)に入れるのに最もよいものを、1・2・3・4から一つ選びなさい。。

1　彼女は(　　　)忙しいと言っている。
　　1　年間　　　　　　2　年度　　　　　　3　年齢　　　　　　4　年中

2　離れ離れになっていた家族が再会する、あの映画の最後の(　　　)が忘れられない。
　　1　場合　　　　　　2　場面　　　　　　3　状況　　　　　　4　状態

3　どんな場合でも(　　　)をふるう行為は許されない。
　　1　暴力　　　　　　2　暴行　　　　　　3　暴走　　　　　　4　乱暴

4　自分の能力を十分(　　　)できる会社で働きたい。
　　1　発展　　　　　　2　発達　　　　　　3　発揮　　　　　　4　発想

5　期末テストの前にお酒を飲んで帰ると、「余裕だね」と父に(　　　)を言われた。
　　1　じょうだん　　　2　からかい　　　　3　うそ　　　　　　4　ひにく

6　工事現場に「立ち入り禁止」の(　　　)があった。
　　1　表示　　　　　　2　標語　　　　　　3　標識　　　　　　4　表紙

7　この川が二つの町の(　　　)になっている。
　　1　限界　　　　　　2　国境　　　　　　3　分離　　　　　　4　境界

8　山は(　　　)が変わりやすいので、雨具を用意してください。
　　1　気温　　　　　　2　気圧　　　　　　3　雨天　　　　　　4　天候

9　黒いネコが横切ると不幸なことが起こるというのは(　　　)だ。
　　1　信念　　　　　　2　習慣　　　　　　3　迷信　　　　　　4　宗教

10　立ち上がったとたん、フラッと(　　　)がした。
　　1　めやす　　　　　2　めじるし　　　　3　めまい　　　　　4　めうえ

問題5 (　　　)に入れるのに最もよいものを、1・2・3・4から一つ選びなさい。。

1　これは(　　　)で動く機械式時計です。
　　1　はりがね　　　　2　はぐるま　　　　3　みずぐるま　　　4　くるまいす

2　こんなことをしたのは誰とは言えないが、(　　　)がある。
　　1　望み　　　　　　2　目的　　　　　　3　ねらい　　　　　4　心当たり

3　この花を美しく咲かせるにはずいぶん(　　　)がかかります。
　　1　手続き　　　　　2　手間　　　　　　3　見本　　　　　　4　迷惑

4　床をきれいにふいたので、(　　　)が出た。
　　1　いろ　　　　　　2　つや　　　　　　3　あかり　　　　　4　ひかり

5　この家はもう10年も人が住んでいないので、(　　　)しないと住めない。
　　1　手続き　　　　　2　手入れ　　　　　3　手品　　　　　　4　手回し

6　その男は社長のスピーチの(　　　)で席を立った。
　　1　半ば　　　　　　2　半分　　　　　　3　中旬　　　　　　4　中心

7　さっきまで晴れていたのに、雷<ruby>雷<rt>かみなり</rt></ruby>が鳴って(　　　)が降ってきた。
　　1　夕立　　　　　　2　雲　　　　　　　3　水滴　　　　　　4　泡

8　あらしの真っ(　　　)に彼らは出発した。
　　1　途中　　　　　　2　最中　　　　　　3　夜中　　　　　　4　年中

9　デートがあるらしく、姉は(　　　)をして出かけた。
　　1　おれい　　　　　2　おいわい　　　　3　おしゃれ　　　　4　おみまい

10　彼女は(　　　)をして感謝の気持ちを表した。
　　1　おせじ　　　　　2　おせわ　　　　　3　おじぎ　　　　　4　おやつ

問題6 (　　　)に入れるのに最もよいものを、1・2・3・4から一つ選びなさい。。

1　自分たちのミスなのに謝らない店の態度に(　　　)。

1　ながれた　　　　2　あきれた　　　　3　はずれた　　　　4　あきらめた

2　受賞の瞬間、感激で涙が(　　　)止まらなかった。

1　あきれて　　　　2　あふれて　　　　3　くずれて　　　　4　あらわれて

3　大学院に進学するために仕事をやめようか(　　　)いる。

1　うらんで　　　　2　なやんで　　　　3　にくんで　　　　4　かなしんで

4　レポートの締め切りが迫っていたので(　　　)提出した。

1　あわてて　　　　2　あきれて　　　　3　かさねて　　　　4　はずれて

5　「ガラスを割ったのは君だね。」と聞くと、その男の子は何も言わずに小さく(　　　)。

1　うなずいた　　　2　ふるまった　　　3　したがった　　　4　つまずいた

6　会社を(　　　)ような人間は信用できない。

1　たたかう　　　　2　めざす　　　　　3　うらぎる　　　　4　うけもつ

7　何かを(　　　)ためには何かを我慢しなければならないときもある。

1　かつ　　　　　　2　える　　　　　　3　さがす　　　　　4　あそぶ

8　豊かな自然に恵まれたこの地方には、昔から多くの画家や詩人が(　　　)作品を残している。

1　はなれ　　　　　2　おとずれ　　　　3　しびれ　　　　　4　みまい

9　彼は子供がプールで(　　　)そうになるのを助けた。

1　のぼり　　　　　2　おぼれ　　　　　3　こわれ　　　　　4　のがれ

10　ウサギがコードを(　　　)ので、ストーブのある部屋には入れないことにした。

1　かじる　　　　　2　くわえる　　　　3　ふく　　　　　　4　つつく

問題7 (　　　)に入れるのに最もよいものを、1・2・3・4から一つ選びなさい。。

1　この部屋は書斎と居間を(　　　)いる。
　　1　かさねて　　　　　2　かざって　　　　　3　かけて　　　　　4　かねて

2　名字と名前の間は半角スペースで(　　　)いる。
　　1　やぶられて　　　2　ちぎられて　　　　3　おとされて　　　4　くぎられて

3　本の表紙にタバコを(　　　)いる著者の写真がのっていた。
　　1　くわえて　　　　2　こぼして　　　　　3　やいて　　　　　4　けずって

4　梅の花が咲き始め、ようやく寒さもピークを(　　　)。
　　1　あがった　　　　2　のぼった　　　　　3　こえた　　　　　4　もえた

5　花瓶が倒れて、水が(　　　)しまった。
　　1　やぶれて　　　　2　こぼれて　　　　　3　それて　　　　　4　くずれて

6　この魚は卵を産むために必死に川を(　　　)来る。
　　1　さかのぼって　　2　ひきかえして　　　3　にげて　　　　　4　さからって

7　監督は選手に何か(　　　)いたが、周りには聞こえなかった。
　　1　ほえて　　　　　2　のぞいて　　　　　3　ささやいて　　　4　かたむけて

8　長い時間正座をしていたら、足が(　　　)立てなくなった。
　　1　しびれて　　　　2　おれて　　　　　　3　かれて　　　　　4　うしなって

9　計画の途中で問題が(　　　)ので、このプロジェクトは一時中断されている。
　　1　しょうじた　　　2　わいた　　　　　　3　かかえた　　　　4　あばれた

10　あの店には美容に関するものは何でも(　　　)いる。
　　1　あらそって　　　2　ちって　　　　　　3　そろって　　　　4　のって

問題8（　　　）に入れるのに最もよいものを、1・2・3・4から一つ選びなさい。。

1 「お菓子を買ってあげる」と（　　　）、子供を連れ去った男が逮捕された。
   1 ためして　　　　2 あまやかして　　　3 だまして　　　　4 とばして

2 転職をすすめられて返事を（　　　）いるうちに、チャンスを失ってしまった。
   1 ためらって　　　2 おそれて　　　　　3 ねらって　　　　4 かくれて

3 味が薄かったら、塩を（　　　）調節してください。
   1 くわえて　　　　2 ささえて　　　　　3 かかえて　　　　4 ゆでて

4 彼女は泣きながら写真を（　　　）捨てた。
   1 ちぎって　　　　2 はりきって　　　　3 はぶいて　　　　4 むいて

5 息子の部屋が（　　　）いたので、注意した。
   1 散らかって　　　2 なまけて　　　　　3 ねらって　　　　4 はずれて

6 彼女は客一人一人にお茶を（　　　）くれた。
   1 そって　　　　　2 にて　　　　　　　3 ついで　　　　　4 しぼって

7 このスープは30分ほど弱火で（　　　）ください。
   1 いためて　　　　2 にて　　　　　　　3 たいて　　　　　4 むして

8 この道は100メートル先で高速道路と（　　　）いる。
   1 ついで　　　　　2 むすんで　　　　　3 もとづいて　　　4 つながって

9 出発までまだ時間があるので空港内をぶらぶらしながら時間を（　　　）。
   1 こわした　　　　2 つぶした　　　　　3 くずした　　　　4 たおした

10 レポートはなんとか期限までに（　　　）そうだ。
   1 かたまり　　　　2 したがい　　　　　3 できあがり　　　4 うちあわせ

問題9 (　　　　)に入れるのに最もよいものを、1・2・3・4から一つ選びなさい。。

1　彼の説明は(　　　　)わかりにくかった。
　　1　なまいきで　　　　2　あまくて　　　　　3　あいまいで　　　　4　きらくで

2　子どもが吐いて(　　　　)顔をしていたので、病院につれていった。
　　1　あかるい　　　　　2　あおじろい　　　　3　うすぐらい　　　　4　えらい

3　自分が酒が飲めないので妻にも飲ませないとは全く(　　　　)。
　　1　えらい　　　　　　2　やっかいだ　　　　3　いじわるだ　　　　4　下品だ

4　妹はいつも(　　　)掃除するだけなので、部屋の隅にほこりがたまっている。
　　1　ていねいに　　　　2　おおざっぱに　　　3　おおいに　　　　　4　てごろに

5　登るのは大変だったが、頂上で(　　　)風に吹かれて、疲れを忘れた。
　　1　さわやかな　　　　2　にわかな　　　　　3　なだらかな　　　　4　ほがらかな

6　自分ひとりだけおいしいもの食べて、(　　　)よね！
　　1　ずるい　　　　　　2　ゆるい　　　　　　3　しつこい　　　　　4　のろい

7　周りが(　　　)て、彼の声が聞こえなかった。
　　1　はなはだしく　　　2　あわただしく　　　3　そうぞうしく　　　4　いそがしく

8　彼女は、すぐものを忘れたり、何かを落としたり、本当に(　　　)人だ。
　　1　さわがしい　　　　2　ずうずうしい　　　3　あわただしい　　　4　そそっかしい

9　(　　　)な授業だったので居眠りしてしまった。
　　1　妥当　　　　　　　2　退屈　　　　　　　3　苦手　　　　　　　4　的確

10　若いのに、目上の人に敬語も使わず偉そうにするなんて、(　　　)だ。
　　1　やっかい　　　　　2　なまいき　　　　　3　いじわる　　　　　4　でたらめ

問題10 (　　　)に入れるのに最もよいものを、1・2・3・4から一つ選びなさい。。

[1]　そのうわさは(　　　)だから、信じないほうがいい。
　　　1　でこぼこ　　　　2　でたらめ　　　　3　すなお　　　　4　なまいき

[2]　わたしが育った町は、(　　　)丘が続く緑豊かな町だ。
　　　1　あらたな　　　　2　おだやかな　　　3　なだらかな　　　4　そまつな

[3]　お湯が熱かったので水を入れて(　　　)した。
　　　1　うすく　　　　　2　こく　　　　　　3　まずく　　　　4　ぬるく

[4]　アルバイトしている店で店長に仕事が(　　　)と言われた。
　　　1　くどい　　　　　2　のろい　　　　　3　ずるい　　　　4　ゆるい

[5]　弟は(　　　)な性格なので、成績が落ちてもあまり落ち込まない。
　　　1　のんき　　　　　2　でたらめ　　　　3　そまつ　　　　4　てごろ

[6]　人前でそんなことを言うとは、失礼も(　　　)。
　　　1　あわただしい　　2　そそっかしい　　3　はなはだしい　4　そうぞうしい

[7]　大地震の後の(　　　)光景を見て、胸が痛くなった。
　　　1　まずしい　　　　2　すなおな　　　　3　みじめな　　　4　やっかいな

[8]　「穴あきジーンズなんて、(　　　)からやめて。」と母に言われた。
　　　1　にくらしい　　　2　みっともない　　3　きつい　　　　4　いさましい

[9]　隣のテレビの音が(　　　)眠れなかった。
　　　1　やかましくて　　2　はなはだしくて　3　そそっかしくて　4　あわただしくて

[10]　隣のおばさんはとても(　　　)でおしゃべりな人だ。
　　　1　活気　　　　　　2　陽気　　　　　　3　勇気　　　　　4　浮気

問題11 (　　　)に入れるのに最もよいものを、1・2・3・4から一つ選びなさい。。

1　その件に関しては家族と相談して、(　　　)お電話します。
　　1　はじめて　　　　2　あらためて　　　　3　うんと　　　　4　かえって

2　弟は帰国すると、(　　　)母が入院している病院にかけつけた。
　　1　いきなり　　　　2　たまたま　　　　3　ただちに　　　　4　ふと

3　彼女は性格は(　　　)、仕事はできる。
　　1　とにかく　　　　2　どうしても　　　　3　ともかく　　　　4　どうも

4　病気を治すために(　　　)手段を尽くした。
　　1　いわゆる　　　　2　いわば　　　　3　あらゆる　　　　4　あくる

5　約束の時間に遅れてタクシーに乗ったら、電車より(　　　)時間がかかってしまった。
　　1　かならずしも　　2　かえって　　　　3　さすがに　　　　4　なんとも

6　街は眠っているかのように(　　　)していた。
　　1　こっそりと　　　2　しんと　　　　3　ぼんやりと　　　4　そっと

7　朝から曇っていて雨が降るかと思っていたが(　　　)その通りだった。
　　1　やっと　　　　　2　ついに　　　　3　はたして　　　　4　かならず

8　このようなチャンスは(　　　)ないから逃しちゃだめよ。
　　1　はっきり　　　　2　必ずしも　　　　3　めったに　　　　4　すっきり

9　授業中居眠りしていて、(　　　)質問されてびっくりした。
　　1　さすがに　　　　2　めっきり　　　　3　いきなり　　　　4　あいにく

10　警備の人があやしい男に質問した。(　　　)、突然その男は走って逃げ出した。
　　1　したがって　　　2　というのは　　　3　すると　　　　4　それなのに

1　約束の時間が近づいてきたので、彼は(　　　　)仕事を片付けて出かけた。
　　1　たちまち　　　　2　ばったり　　　　3　さっさと　　　　4　いきなり

2　競技の結果を待っている間、私は心臓が(　　　　)していた。
　　1　うきうき　　　　2　いきいき　　　　3　どきどき　　　　4　はきはき

3　新宿の本屋で昔の友だちに(　　　　)会った。
　　1　ぴったり　　　　2　ばったり　　　　3　ぐっすり　　　　4　はっきり

4　その歌手はファンたちにも知らせず、(　　　　)と外国で結婚した。
　　1　こっそり　　　　2　さっぱり　　　　3　ぎっしり　　　　4　すっきり

5　最近P君は日本語が(　　　　)上手になった。
　　1　めっきり　　　　2　しゃっくり　　　　3　すっきり　　　　4　ぐっすり

6　兄の財布はいつもお札が(　　　　)つまっている。
　　1　ぎっしり　　　　2　がっかり　　　　3　はっきり　　　4　　めっきり

7　値引きしても(　　　　)500円までです。
　　1　せいぜい　　　　2　せっかく　　　　3　せめて　　　　4　たいして

8　日は沈み、(　　　　)月が出てきた。
　　1　ふと　　　　　　2　おおいに　　　　3　むしろ　　　　4　やがて

9　優勝祝いのパーティーで選手たちはみんな(　　　　)楽しんだ。
　　1　どきどき　　　　2　もしかしたら　　3　やはり　　　　4　おおいに

10　見るなと言われると(　　　　)見たくなる。
　　1　もしかして　　　2　あいにく　　　　3　ひとりでに　　　4　よけい

HOW
TO

PART 5

유의어

N2

유의어에서는 무엇을 평가합니까?

- 제시된 말과 의미가 유사한 단어나 표현을 찾는 문제이다. 예를 들면 「サイン(사인)」을 대체할 수 있는 단어 「署名(서명)」를 고른다거나 「やむをえない(하는 수 없다)」와 유사한 의미를 지니는 표현 「しかたがない(어쩔 수 없다)」를 고르는 것이다.
- 각 품사별로 고루 출제되며 단어가 아닌 관용구 단위로 나오기도 한다..

유의어에는 어떤 문제가 나오고, 무엇을 어떻게 공부해야 할까요?

- 품사별로 고루 출제되기 때문에 양이 많은 것 같지만 단어 공부를 할 때 예문에서의 쓰임을 기억한다면 어렵지 않게 풀 수 있다.
- 문제를 풀 때는 선택지를 대입하여 어울리는 표현을 찾는 방법이 유용하지만, 어울리는 표현이 두 개나 세 개일 경우가 있으므로 정확한 의미를 고르도록 유의한다.
- 또한 같은 단어라도 상황에 따라 대체 유의어가 여러 가지로 나타날 수 있다.

　「シャワーをしてさっぱりした」에서 「さっぱり」는 「すっきり(산뜻한 모양)」의 의미이고, 「何の意味かさっぱりわからない」에서는 「ぜんぜん(전혀)」의 의미이다.

　이에 대비하기 위해서는 자신만의 유의어 정리 노트를 가지고 있는 것도 좋은 방법이 될 것이다.

★ 유형 맛보기

1　ワールドカップ大会が契機となり、サッカーがさかんになった。

　　　1 ささえ　　　　2 すくい　　　　3 つながり　　　　4 きっかけ

　　정답_ 4　契機けいき 계기 ≒ きっかけ 계기
　　해석_ 월드컵 대회가 계기가 되어 축구가 유행하게 되었다.

2　電車はまもなく来るでしょう。

　　　1 いずれ　　　　2 ほとんど　　　　3 もうすぐ　　　　4 やっと

　　정답_ 3　まもなく 얼마 안되어, 곧 ≒ もうすぐ 이제 곧
　　해석_ 전철은 곧 올 겁니다.

명사

オイル 오일	≒	油ぁぶら 기름 08
感謝かんしゃ 감사	≒	お礼おれい 감사의 인사 05
苦情くじょう 고충, 불만	≒	不満ふまん 불만 06
契機けいき 계기	≒	きっかけ 계기 09
貢献こうけんできる 공헌 할 수 있다	≒	役に立つやくにたつ 도움이 되다 04
娯楽ごらく 오락	≒	レジャー 여가, 오락 07
サイン 사인	≒	署名しょめい 서명 09
差し支えさしつかえ 지장	≒	問題もんだい 문제 08
サンプル 샘플	≒	見本みほん 견본 04
チャンス 찬스, 기회	≒	機会きかい 기회 05
テンポ 템포, 속도	≒	速はやさ 속도 01
トレーニング 트레이닝, 연습	≒	練習れんしゅう 연습 06

동사

打ち消すうちけす 부정하다, 지우다	≒	正ただしくないと言いう 옳지 않고 말하다 07
おわびする 사죄하다	≒	謝るあやまる 사과하다 03
疲れるつかれる 피곤하다	≒	くたびれる 녹초가 되다 00

い형용사

危ないあぶない 위험하다	≒	危ういあやうい 위험하다, 위태롭다 01
さしつかえない 지장 없다	≒	かまわない 상관없다 00
すまない 미안하다	≒	もうしわけない 미안하다 07
みっともない 꼴사납다	≒	はずかしい 창피하다 04
やかましい 시끄럽다, 성가시다	≒	うるさい 시끄럽다 08
やむをえない 하는 수 없다	≒	しかたがない 어쩔 수 없다 09

な형용사

おしゃべりな 수다스러운	≒	よく話すよくはなす 자주 말을 하는 03
奇妙なきみょうな 기묘한	≒	変わったかわった 색다른, 특이한 07
真剣なしんけんな 진지한	≒	まじめな 진지한 04
退屈なたいくつな 따분한	≒	つまらない 시시한 01
見事なみごとな 훌륭한	≒	すばらしい 훌륭한 05
冷静なれいせいな 냉정한, 침착한	≒	おちついた 침착한 02
わがままな 제멋대로인	≒	勝手なかってな 제멋대로인 08

부사		
あらゆる 모든	≒	すべての 전부의　02
いきなり 갑자기	≒	突然とつぜん 돌연　02
おそらく 아마	≒	たぶん 아마　03
かなり 꽤	≒	相当そうとう 상당히　02
再三さいさん 재삼, 여러 번	≒	何度もなんども 몇 번이고　06
すべて 모두	≒	全部ぜんぶ 전부　05
せいぜい 기껏해야	≒	多くてもおおくても 많아도　00
相当そうとう 상당히	≒	かなり 꽤　00
そっくり 몽땅, 꼭 닮은 모양	≒	似ているにている 닮다　06
たびたび 자주	≒	しばしば 자주, 종종　04
単たんなる 단순한	≒	ただの 그저, 단순한　09
年中ねんじゅう 항상, 늘	≒	いつも, 항상, 늘　01
比較的ひかくてき 비교적	≒	割合にわりあいに 비교적　08
方々ほうぼう 여기저기, 사방	≒	あちこち 여기저기　03
まもなく 머지않아, 곧	≒	もうすぐ 곧　00, 07

감동사

おかまいなく 신경 쓰지 마세요

おきのどくに 안됐군요

おさきに 먼저 가겠습니다

おじゃまします 실례하겠습니다

お世話せわになりました 신세 졌습니다

お大事だいじに 몸 조심 하세요

お待またせしました 오래 기다리셨습니다

おまちどおさま 오래 기다리셨습니다

かしこまりました 잘 알았습니다

ご遠慮えんりょなく 사양하지 마세요

ご苦労くろうさま 수고했어요

ご存知ぞんじですか 아십니까

ごめんください 실례합니다

ごめんなさい 미안해요

さあ 자, 글쎄

失礼しつれいしました 실례했습니다

しまった 아차, 아뿔싸

しめた 됐다, 해냈다

それはいけませんね 그거 안됐군요, 유감이군요

よいしょ 영차

よくいらっしゃいました 잘 오셨습니다, 환영합니다

관용구

足あしが出でる 적자가 나다

足あしを運はこぶ 발걸음을 옮기다

頭あたまにくる 화가 나다

頭あたまが痛いたい 골머리 앓다

頭あたまが下さがる 머리가 숙여지다, 존경스럽다

腕うでがいい 솜씨가 좋다

腕うでを磨みがく 솜씨를 연마하다

顔かおが広ひろい 발이 넓다

顔かおに出でる 얼굴에 나타나다

気きが長ながい 성격이 느긋하다

気きがすむ 직성이 풀리다

気きがする 그런 기분이 들다

気きがつく 알아차리다

気きに入いる 마음에 들다

気きにかかる 마음에 걸리다

気きにする 신경 쓰다, 걱정하다

気きになる 신경이 쓰이다, 궁금하다

気きをつける 조심하다, 주의하다

口くちが軽かるい 입이 가볍다

口くちに合あう 입맛에 맞다

口くちにする 말하다, 먹다

口くちを出だす 참견하다

首くびにする 해고하다

首くびになる 해고 당하다

首くびを長ながくする 목을 빼고 기다리다

手てがつけられない 손을 댈 수 없다, 처리할 수 없다

手てを入いれる 손질하다

手てを出だす 손대다, 관여하다

腹はらが立たつ 화가 나다

目めが覚さめる 눈이 떠지다

目めを覚さます 잠을 깨다

耳みみにする 듣다

耳みみが痛いたい 약점을 지적당해 듣기 괴롭다

耳みみを傾かたむける 귀를 기울이다

問題1 ＿＿＿の言葉に意味が最も近いものを、1・2・3・4から一つ選びなさい。

1 当社の商品に対し、率直なご意見やご感想をお書きください。

　　1 丁寧な　　　　　2 役に立つ　　　　　3 正直な　　　　　4 的確な

2 工事は来週の月曜日を目安に終わらせます。

　　1 目標　　　　　　2 目的　　　　　　　3 時点　　　　　　4 方法

3 その占い屋はするどい目で私をにらんだ。

　　1 憎んだ　　　　　2 誘った　　　　　　3 苦しめた　　　　4 見つめた

4 彼女は息子のために夕食をこしらえた。

　　1 つくった　　　　2 さげた　　　　　　3 ひきあげた　　　4 たのんだ

5 彼女から連絡が来るなんて、めずらしいことだ。

　　1 すばらしい　　　2 まれな　　　　　　3 くるしい　　　　4 苦手な

6 みんなの前で自己紹介するとき、とてもどきどきした。

　　1 緊張した　　　　2 安心した　　　　　3 心配した　　　　4 赤面した

7 私はジャズＣＤをコレクションしています。

　　1 並べて　　　　　2 売って　　　　　　3 集めて　　　　　4 かくして

8 お風呂に入りさっぱりしてから、夕食を食べに出かけた。

　　1 はっきり　　　　2 すっきり　　　　　3 ぴったり　　　　4 ゆっくり

9 こんな夜遅く電話して、本当にすまないと思っています。

　　1 くやしい　　　　2 はずかしい　　　　3 かなしい　　　　4 もうしわけない

10 父はそのことで、とても頭にきているようだ。

　　1 驚いている　　　2 悔やんでいる　　　3 怒っている　　　4 悲しんでいる

1　彼に金を貸した覚えはありません。
　　1 暗記　　　　　　2 記憶　　　　　　3 経験　　　　　　4 信用

2　友だちとけんかしてしまい、それから話すきっかけがなかなかつかめない。
　　1 機会　　　　　　2 理由　　　　　　3 時間　　　　　　4 場所

3　お風呂に入るときは髪をしばるようにしてください。
　　1 たたむ　　　　　2 つなぐ　　　　　3 むすぶ　　　　　4 あわせる

4　あの国では急速に工業化が進む課程で、深刻な環境問題が生じている。
　　1 ふえて　　　　　2 へって　　　　　3 おこって　　　　4 なくなって

5　さわやかな秋の空気を楽しみながら公園を散歩した。
　　1 寒い　　　　　　2 気持ちいい　　　3 暑い　　　　　　4 忙しい

6　事故でもあったのか、外がさわがしかったので出てみた。
　　1 うつくしかった　2 むしあつかった　3 うるさかった　　4 きたなかった

7　その話は単なるうわさですから、信じてはいけません。
　　1 むだな　　　　　2 ただの　　　　　3 うその　　　　　4 ばかな

8　彼は時々、私を訪ねてくる。
　　1 何度も　　　　　2 たまに　　　　　3 いつも　　　　　4 毎日

9　彼ははきはきと自分の意見を述べた。
　　1 はっきりと　　　2 すっきりと　　　3 ぐっすりと　　　4 あっさりと

10　母が入院して旅行に行けなくなったので、飛行機の予約をキャンセルした。
　　1 打ち消した　　　2 取り消した　　　3 取りかえた　　　4 引き出した

問題3 ＿＿＿＿＿の言葉に意味が最も近いものを、1・2・3・4から一つ選びなさい。

1 留学している友だちから、最近なんの便りもない。
　　1 文句　　　　　2 不便　　　　　3 プレゼント　　　4 連絡

2 空港でスーツケースの中身をチェックされた。
　　1 検査　　　　　2 測定　　　　　3 交換　　　　　4 判断

3 あの少年は涙を見せまいと必死にこらえた。
　　1 流した　　　　2 我慢した　　　3 ふいた　　　　4 こぼした

4 「お前の言っていることはピントがずれているよ。」と上司に言われた。
　　1 はずれて　　　2 よごれて　　　3 まとまって　　　4 まちがって

5 帰宅途中たまたま友達に会ったので、いっしょに映画に行った。
　　1 突然　　　　　2 偶然　　　　　3 万一　　　　　4 時折

6 今日は引越しであわただしい一日だった。
　　1 たのしい　　　2 うれしい　　　3 なつかしい　　　4 いそがしい

7 電車はまもなく到着します。
　　1 いずれ　　　　2 ほとんど　　　3 もうすぐ　　　　4 やっと

8 学校の決まりはきちんと守ってください。
　　1 規則　　　　　2 制度　　　　　3 標準　　　　　4 原理

9 家族と過ごす時間を増やすために、なるべく家に早く帰るようにしている。
　　1 できるだけ　　2 いちばん　　　3 できれば　　　　4 いつもより

10 医師不足の状況を改善する必要がある。
　　1 つぶす　　　　2 あてはめる　　3 よくする　　　　4 ゆずる

問題4 _____ の言葉に意味が最も近いものを、1・2・3・4から一つ選びなさい。

1　ちょっとした計算ミスをした。
　　1　責任　　　　　　2　間違い　　　　　3　勘違い　　　　　4　損失

2　この地域は水資源が豊富で水力発電に適している。
　　1　からっぽで　　　2　ゆたかで　　　　3　みにくくて　　　4　まずしくて

3　このスーツは私にぴったりだ。
　　1　つらい　　　　　2　みっともない　　3　ちょうどいい　　4　うれしくない

4　子供がちらかしてばかりで、片づけようとしないから困っている。
　　1　壊して　　　　　2　よごして　　　　3　さがして　　　　4　掃除して

5　大変あつかましいお願いですが、100万円ほど貸していただけませんか。
　　1　そうぞうしい　　2　ずうずうしい　　3　難しい　　　　　4　ばかばかしい

6　弟は金にだらしないから心配だ。
　　1　無責任だ　　　　2　非常識だ　　　　3　まじめだ　　　　4　不規則だ

7　彼はわずか1年で昇進した。
　　1　だいたい　　　　2　ずっと　　　　　3　たった　　　　　4　ざっと

8　その戦争によってたくさんの子どもの命が奪われたのは打ち消せない事実である。
　　1　確認できない　　2　否定できない　　3　公開できない　　4発表できない

9　今働いている会社は年中忙しくて遊ぶ暇もない。
　　1　いつも　　　　　2　たいてい　　　　3　たまに　　　　　4　ときどき

10　人は見かけより中身が大切だ。
　　1　外見　　　　　　2　高さ　　　　　　3　うわさ　　　　　4　収入

問題 5 ＿＿＿＿の言葉に意味が最も近いものを、1・2・3・4から一つ選びなさい。

1 何を食べるかはメニューを見てから決めよう。
1 目次　　　　　2 献立　　　　　3 内容　　　　　4 目録

2 最近インフルエンザがはやっていて、健康管理に注意が必要だ。
1 はいってきて　2 うまれて　　　3 流行して　　　4 なくなって

3 ここの子どもたちはそれぞれ複雑な家庭事情を持っている。
1 難しい　　　　2 明るい　　　　3 豊かな　　　　4 貧しい

4 人の顔を悪く言うなんて失礼もはなはだしい。
1 おかしい　　　2 悲しい　　　　3 うれしい　　　4 ひどい

5 歩道からいきなり子どもが車道に出てきた。
1 ゆっくり　　　2 当然　　　　　3 突然　　　　　4 ざっと

6 交通事故でなくなった子どもがとても気の毒だ。
1 おさない　　　2 大変だ　　　　3 かわいそうだ　4 びんぼうだ

7 家は、駅からおよそ500メートルのところにある。
1 たぶん　　　　2 約　　　　　　3 ちょうど　　　4 歩いて

8 さっさと学校に行きなさい。もう出る時間でしょ？
1 きれいに　　　2 ゆっくり　　　3 早く　　　　　4 きちんと

9 この学生の作文はところどころ間違いが目立つ。
1 ぜんぜん　　　2 あちこち　　　3 それほど　　　4 いよいよ

10 その件について彼と私とでは、見解が異なる。
1 考え方　　　　2 解き方　　　　3 答え方　　　　4 読み方

1 ふるさとの風景と友だちがなつかしい。

    1 故郷   2 基盤   3 住所   4 場所

2 子どもがご迷惑をおかけしたことをおわびします。

    1 認めます   2 あやまります   3 しかります   4 注意します

3 フィギュアスケートの鈴木さん、銀メダルで惜しかったですね。

    1 くやしかった   2 あぶなかった   3 残念だった   4 少なかった

4 最近パソコンの速度がのろくなって困っている。

    1 きつく   2 はやく   3 おしく   4 おそく

5 父の健康は徐々に回復している。

    1 すぐに   2 どんどん   3 少しずつ   4 いつか

6 彼は学生の論文にひととおり目を通した。

    1 少し   2 だいたい   3 急いで   4 くわしく

7 あの議員の講演は退屈だったので、寝てしまった。

    1 するどかった   2 つまらなかった   3 むずかしかった   4 りっぱだった

8 参加者はせいぜい30人ぐらいだろう。

    1 多くても   2 少なくとも   3 おおよそ   4 たった

9 おおよその距離を教えてください。

    1 正確な   2 だいたいの   3 細かい   4 ちょうどの

10 最近地震が多いのでおそろしい。

    1 きびしい   2 かなしい   3 あわただしい   4 こわい

PART 6

용법

N2

용법에서는 무엇을 평가합니까?

– 제시어가 문법적, 의미적으로 문장 안에서 올바르게 사용되고 있는지를 묻는다.

– 각 품사별로 골고루 출제된다.

용법에는 어떤 문제가 나오고, 무엇을 어떻게 공부해야 할까요?

– 이 유형에서는 해당 어휘의 정확한 의미뿐만 아니라 문법적인 속성도 분명히 알고 있어야 한다. 예를 들면 感心する(감탄하다, 동사)와 感心な(기특한, 감탄할만한, な형용사)의 경우 뜻에 따라 문법적 용법이 달라 「この クラスの 学生たちの 能力の 高さに 感心した」는 옳지만, 「この クラスの 学生たちの 能力の 高さに 感心になった」는 틀린 문장이 된다.

– 이 유형도 유의어와 마찬가지로 문장 단위, 또는 구 단위의 형태로 단어의 의미를 파악해 두는 것이 좋다.

♣ 유형 맛보기

1　妥当

　1　付き合うなら、なるべく気持ちの妥当な人がいいです。

　2　子どもたちに妥当な遊び場がほしい。

　3　妥当な集まりですので気楽な格好でどうぞ。

　4　子どもの出産祝いは友だちなら5000円が妥当な金額だと思います。

정답_ 4　타당함

해석_ 아기의 출산 축하는 친구라면 5,000엔이 타당한 금액이라고 생각합니다.

2　たとえ

　1　たとえ彼女が参加するなら、来週のパーティーは楽しいものになるだろう。

　2　たとえ春になったのに、まだ寒い。

　3　たとえみんなが反対しても彼女と結婚したい。

　4　たとえ病気が治ったら、みんなと旅行に行きたい。

정답_ 3　가령 ～할지라도. 설령 ～그럴지라도.(「とも」,「ても」,「…しようが」 등과 함께 쓰임)

해석_ 설령 모두가 반대한다고 해도 그녀와 결혼하고 싶다.

명사

あかり 불빛　01

気候 きこう 기후　07

催促 さいそく 재촉　08

差別 さべつ 차별　05

作法 さほう 예법, 예의범절　02

実施 じっし 실시　01

支配 しはい 지배　06

スピード 스피드　05

中断 ちゅうだん 중단　00

展開 てんかい 전개　09

ふもと 산기슭　05

分解 ぶんかい 분해　09

向かい むかい 맞은편　01

行方 ゆくえ 행방　04

ユーモア 유머　06

동사

甘やかす あまやかす 응석을 받아주다　07

うたがう 의심하다　06

薄める うすめる 묽게 하다, 연하게 하다　07

感心する かんしんする 감탄하다　08

散らかる ちらかる 어질러지다　09

引き返す ひきかえす 되돌아가다　08

振り向く ふりむく 뒤돌아보다　03

형용사

あきらかな 확실한, 명백한　00

正直な しょうじきな 정직한, 솔직한　09

妥当な だとうな 타당한　00, 08

微妙な びみょうな 미묘한　01

不安な ふあんな 불안한　04

夢中な むちゅうな 열중하는, 심취한　02

楽な らくな 편한, 쉬운　06

부사

あるいは 혹은, 또는　04

いきいき 활기차고 생생함　00

いったん 일단　07

いちいち 일일이　03

今に いまに 이제 곧, 얼마없어　08

がっかり 실망하는 모양, 낙심하다　05

くれぐれも 부디, 아무쪼록　00

実に じつに 실로　05

少しも すこしも 조금도　06

せっかく 모처럼　03

せめて 적어도　02

それとも 아니면　02

大した たいした 대단한　04

たしか 확실히, 분명히　09

たとえ 설령, 비록　07

たまたま 우연히　02

単なる たんなる 단순한　03

どうせ 어차피　04

わずか 불과, 기껏　01

기타

だらけ ~투성이　03

가타카나어

ア행

アイデア／アイディア 아이디어

アイロン 다리미

アウト 아웃

アクセント 액센트

アジア 아시아

アナウンサー 아나운서

アンテナ 안테나

イコール 이퀄, 같음

イメージ 이미지

インタビュー 인터뷰

ウーマン 우먼, 여자

ウール 울, 양모

ウエートレス 웨이트리스

エチケット 에티켓

エネルギー 에너지

エプロン 에이프런

エンジン 엔진

オイル 오일

オーケストラ 오케스트라

オートバイ 오토바이

オートメーション 오토메이션

オーバー 오버

オルガン 오르간, 풍금

カ행

カーブ 커브

ガソリン 가솔린

ガソリンスタンド 주유소

カバー 커버

カラー 컬러

ガラス 유리

カレンダー 캘린더, 달력

カロリー 칼로리

キャプテン 캡틴, 주장

ギャング 갱, 강도

キャンパス 캠퍼스

キャンプ 캠프

クラシック 클래식

グラス 글라스, 유리잔

クラブ 클럽, 클럽활동

グラフ 그래프

グラウンド 그라운드, 운동장

クリーニング 세탁, 드라이클리닝

ケース 케이스, 상자

ゲスト 게스트

コース 코스

コーチ 코치

コート(court) 코트, 경기장

コード 코드, 전선

コーラス 코러스, 합창

ゴール 골, 결승점

コック 쿡, 요리사

コミュニケーション 커뮤니케이션

ゴム 고무

コレクション 컬렉션, 수집

コンクール 콩쿠르, 경연회

コンクリート 콘크리트

コンサート 콘서트

コンセント 콘센트

コンピューター 컴퓨터

サ행

サークル 서클

サイン 사인

サラリーマン 샐러리맨

サンダル 샌들

サンプル 샘플

シーズン 시즌

シーツ 시트

ジーンズ 진즈, 청바지

ジェット機き 제트기

ジャーナリスト 저널리스트

シャッター 셔터, 덧문

ショップ 숍, 가게

シリーズ 시리즈

スーツ 슈트, 정장

スーツケース 여행용 가방

スープ 수프

スケジュール 스케줄

スター 스타

スタイル 스타일

スタンド 스탠드

スチュワーデス 스튜어디스

ステージ 스테이지, 무대

ステレオ 스테레오

ストッキング 스타킹

ストップ 스톱

スピーチ 스피치

スピード 스피드

ズボン 즈봉, 바지

スマート 스마트, 말쑥함, 멋짐

スライド 슬라이드

スリッパ 슬리퍼

セーター 스웨터

セット 세트

ゼミ 세미나, 발표 토론하는 일

セメント 시멘트

タ행

タイプ 타입, 형(型)

タイプライター 타이프라이터

タイヤ 타이어

ダイヤ 철도운행표

ダイヤ／ダイヤモンド 다이아몬드

ダイヤル 다이얼

タオル 타올

ダブる 겹치다, 중복되다

ダム 댐

チップ 팁

チャンス 찬스

テーマ 테마

テキスト 텍스트

テニスコート 테니스코트

デパート 백화점

デモ 데모, 시위

テント 텐트

テンポ 템포

トップ 톱, 선두

ドライブ 드라이브

トラック 트럭

ドラマ 드라마

トランジスター 트랜지스터

ドリル 드릴

トン(ton) 톤

トンネル 터널

ナ행

ナイロン 나일론

ナンバー 넘버

ネックレス 네크리스, 목걸이

ノック 노크

ハ행

パーセント 퍼센트

ハイキング 하이킹

パイプ 파이프

パイロット 파일럿

バケツ 양동이

パスポート 패스포트, 여권

パターン 패턴

バック 백, 뒤, 배후

バランス 밸런스

ハンサム 핸섬, 잘생김

パンツ 팬츠, 바지

バンド / ベルト 밴드 / 띠

ハンドル 핸들

ピクニック 피크닉

ピストル 피스톨, 권총

ビタミン 비타민

ビニール 비닐

ビル 빌딩

ビルディング 빌딩

ピン 핀, 바늘

ピンク 핑크

ファスナー 퍼스너, 지퍼

フィルム 필름

プール 풀, 수영장

フォーク 포크

フォーム 폼, 모양, 모습

フライパン 프라이팬

ブラシ 브러시

プラスチック 플라스틱

プラットホーム 플랫폼

プラン 플랜, 계획

ブレーキ 브레이크

プレゼント 프레젠트, 선물

プロ 프로, 전문가

プログラム 프로그램

ページ 페이지

ベテラン 베테랑

ヘリコプター 헬리콥터

ペンキ 페인트

ペンチ 펜치

ベンチ 벤치

ボート 보트

ボーナス 보너스

ホーム 홈, 플랫폼

ポケット 포켓

ポスター 포스터

ポスト 포스트, 우편함

ボタン 버튼

マ행

マーケット 마켓, 시장

マイク 마이크

マイナス 마이너스

マイペース 마이 페이스

マスク 마스크

マスター 마스터

マッチ 성냥

マフラー 머플러

マラソン 마라톤

マンション 맨션, 아파트

ミシン 재봉틀

ミス(miss) 미스, 실수

ミリ(メートル) 밀리미터

メーター 미터

メートル 미터

メニュー 메뉴

メモ 메모

メンバー 멤버

モーター 모터

モノレール 모노레일

モダン 모던, 현대풍

ヤ행

ユーモア 유머

ヨーロッパ 유럽

ヨット 요트

ラ행

ライター 라이터

ラケット 라켓

ラッシュアワー 러시아워

ランニング 러닝, 달리기

リズム 리듬

リットル 리터

レクリエーション 레크리에이션

レコード 레코드

レジャー 레저

レベル 레벨

レポート／リポート 리포트, 보고서

レンズ 렌즈

問題1 次の言葉の使い方として最も適当なものを、1・2・3・4から一つ選びなさい。

1 中身

1 よく冷えたジュースを飲んだら、中身まで冷たくなった。

2 彼の話はおもしろいけど、中身がない。

3 佐藤君は高校時代の中身です。

4 円の中身を通る線を引いてください。

2 熱心

1 彼女はフランス語の勉強に熱心している。

2 彼女は人形収集に熱心だ。

3 熱心の気持ちでその候補者を支持する。

4 熱心をこめてプレゼントを用意した。

3 引き返す

1 忘れ物を思い出して家に引き返した。

2 彼はすぐに元気を引き返した。

3 デパートは買い物客で引き返していた。

4 花瓶を引き返してしまった。

4 じっと

1 音を立てないように窓をじっと開けた。

2 応援していた選手がホームランを打って、胸がじっとした。

3 この子はじっとしていないから、髪を切るのが大変だ。

4 私は10年前からじっとここに住んでいます。

5 そのうち

1 そのうち真実が分かる日が来るでしょう。

2 そのうち授業が始まるまで、日本語の勉強をしていた。

3 雨が降るかもしれないから、そのうち帰ってください。

4 待っていても、彼女はそのうち来ないでしょう。

問題2 次の言葉の使い方として最も適当なものを、1・2・3・4から一つ選びなさい。

1 生意気

1 今朝はとても生意気だ。

2 新しい仕事がおもしろいのか、彼は最近生意気だ。

3 あの新入社員は先輩にあいさつもしない。ほんとうに生意気だ。

4 この野菜は生意気で食べるとおいしい。

2 しかも

1 船は沈んだ。しかも10人がなくなった。

2 彼女は水を飲んで、しかも話し始めた。

3 まずヨーロッパへ行き、しかもロシアへ行きます。

4 彼女は見事に金メダルを取った。しかも最高点で。

3 さかのぼる

1「現在の収入に満足していない」という人は8割近くにさかのぼっている。

2 この法律は1月にさかのぼって適用される。

3 親にさかのぼってはいけない。

4 この写真では東京の風景がさかのぼっている。

4 ただちに

1 日本に来てから日本語がただちに上手になった。

2 彼女は、とてもただちにメールを返してくれる。

3 彼らは戦争をただちにやめることを訴えた。

4 新しいソフトはただちに売り切れた。

5 めでたい

1 彼女が優勝したって、それはめでたい。

2 弟の入学のめでたいに時計を贈った。

3 いつも彼の親切をめでたいと思っている。

4 よい友人があってめでたい。

問題3 次の言葉の使い方として最も適当なものを、1・2・3・4から一つ選びなさい。

1 ひとしい

　1 あの下手な選手に負けてひとしかった。

　2 慣れない暑さに選手たちはひとしい表情を見せた。

　3 全く勉強していないから、試験に合格する可能性はないにひとしい。

　4 外はひとしい雨が降っていた。

2 上達

　1 彼女はピアノが上達だ。

　2 彼がこのクラスで一番上達のある生徒だ。

　3 この絵、初めてにしては上達にできているよ。

　4 先生が熱心に教えてくれたおかげで、英語が少しずつ上達した。

3 はさむ

　1 花を花瓶にはさんだ。

　2 ふとんをはさんで、押入れにしまった。

　3 ドアに足をはさまれてけがをした。

　4 後ろの人にはさまれて転んでしまった。

4 油断

　1 努力がみんな油断になった。

　2 実験は2ヶ月かかると油断している。

　3 父は油断から健康に気を付けている。

　4 ちょっとした油断が事故につながる。

5 たいして

　1 離婚がたいして悪いとは言えない。

　2 この機械の使い方は説明書を読んでもたいしてわからない。

　3 たいして失礼いたしました。

　4 この本はたいして役に立たない。

問題4 次の言葉の使い方として最も適当なものを、1・2・3・4から一つ選びなさい。

1　うったえる

　1　後輩が私に飲み会の場所をうったえてきた。

　2　警察は事故の原因をうったえた。

　3　患者は苦痛をうったえた。

　4　だれか後ろから私をうったえた。

2　とける

　1　スープはとけないうちにのんだ方がおいしいよ。

　2　太陽が出ると雪はとけはじめた。

　3　冷蔵庫から出したビールがとけてしまった。

　4　大雨で家がとけてしまった。

3　単に

　1　この仕事は単に語学だけでなく、専門分野の知識も必要だ。

　2　今日の朝ごはんは単に目玉焼きだけだった。

　3　あなたの成功を単に願っている。

　4　単に一度ここにきたことがある。

4　マスター

　1　彼女はピアノがとてもマスターだ。

　2　サッカーは毎日の練習を通して少しずつマスターしている。

　3　6か月で外国語をマスターするのは無理だ。

　4　彼は入社20年目のマスター記者だ。

5　拡充
　かくじゅう

　1　いっしょうけんめい勉強したので、テストの点が拡充した。

　2　子どもは去年より10センチも背が拡充した。

　3　大学は研究施設を拡充することにした。

　4　写真を3倍に拡充した。

1　長引く

　　1　父はいつも長引いて話をするからいやだ。

　　2　質問が次々と続いて会議が長引いた。

　　3　彼は休暇を三日間長引かせた。

　　4　紙に一本の線を長引いた。

2　しきりに

　　1　一晩しきりに本を読み続けた。

　　2　彼は携帯電話でしきりにだれかと話をしている。

　　3　子どもは5、6時間しきりにテレビゲームをしている。

　　4　しきりに練習して、彼女は金メダルを取った。

3　にくらしい

　　1　彼らはにくらしい生活をしている。

　　2　その看板はにくらしいから、取り外してください。

　　3　自分の子どもでも、かわいいときもあるし、にくらしいときもある。

　　4　売り上げが悪いせいか、社長はにくらしい顔をしている。

4　行儀

　　1　上司に会ってもあいさつもしないなんて、行儀がない。

　　2　彼女がそんな行儀をしたとは、信じられない。

　　3　韓国では、食器をもって食べることは行儀が悪いと思われる。

　　4　歩いていて人にぶつかったら謝るのが行儀だ。

5　さびる

　　1　昔にぎやかだったこの町も、最近すっかりさびてしまった。

　　2　お茶がさびるまで少し待った。

　　3　水道管がさびているのか、赤い水が出た。

　　4　雨が降らなかったため、木がさびてしまった。

問題6 次の言葉の使い方として最も適当なものを、1・2・3・4から一つ選びなさい。

1   それる

1 幸い台風は南へそれたようだ。

2 あわてて出かけたので、ボタンがそれているのに気づかなかった。

3 布団がベッドからそれていた。

4 彼は酒を飲んでもそれない。

2   ざっと

1 急に友だちが来ることになったので、部屋をざっと掃除した。

2 ざっと前に彼に会ったことがある。

3 冷たい風がざっと吹き抜けた。

4 その話を聞いた瞬間、ざっとした。

3   ダブる

1 マウスでダブってクリックすると、次の画面に変わる。

2 その町にはダブって行ったことがある。

3 疲れてパソコンの字がダブって見える。

4 苦労に苦労をダブって成功した。

4   不思議

1 彼女と私は同じ大学に通っているが、不思議なことにめったに会わない。

2 妹はたくさん食べても太らないから、家族みんなが不思議している。

3 体の具合が不思議だ。

4 事故から1年たったのに、その原因はいまだ不思議だ。

5   なんとか

1 うそをつくことをなんとか思わないやつだ。

2 なんとか行く気になれない。

3 なんとかすごくうれしそうですね。

4 約束の時間になんとか間に合った。

파이널 모의테스트

1회
2회
3회

N2

N2

文字・語彙

N·O·T·E·S
注 意

1　試験開始の合図があるまで、この問題用紙を開けないでください。

2　この問題用紙を持ち帰ることはできません。

3　受験番号と名前を下の欄に、受験票と同じようにはっきりと書いてください。

4　この問題用紙は、全部で7ページあります。

受験番号 Examinee Registration Number	
名前 Name	

問題1 ＿＿＿＿の言葉の読み方として最もよいものを、1・2・3・4から 一つ選びなさい。

1 どうか知恵を貸してください。

1 ちえ 　　　　2 ちけい 　　　　3 ちしき 　　　　4 ちじん

2 新しくできた店の前に人々が行列を作った。

1 ちんれつ 　　　2 いちれつ 　　　3 こうれつ 　　　4 ぎょうれつ

3 街の中心にある噴水広場で子どもたちが遊んでいる。

1 こうば 　　　　2 ひろば 　　　　3 こうじょう 　　　4 ひろじょう

4 取引先との飲み会で遅くなり、終電を逃してしまった。

1 のがして 　　　2 よこして 　　　3 はずして 　　　4 はがして

5 ここから海岸まで平らな道が続いている。

1 たいら 　　　　2 へいら 　　　　3 ひょうら 　　　　4 びょうら

問題2 _____ の言葉を漢字で書くとき、最もよいものを 1・2・3・4から 一つ選びなさい

6 この瓶の<u>ようせき</u>は１リットルです。

1 容責　　　2 溶責　　　3 容積　　　4 溶積

7 この野菜は細かく<u>きざん</u>で、しょうゆをかけて食べるとおいしいです。

1 掘んで　　2 刻んで　　3 割んで　　4 切んで

8 ドレッシングを作るのが<u>めんどう</u>なので、スーパーで買ってきた。

1 面動　　　2 面働　　　3 面到　　　4 面倒

9 赤ちゃんの肌はとても<u>やわらかい</u>。

1 和らかい　2 柔らかい　3 細らかい　4 穏らかい

10 その島は<u>いわ</u>だらけの海岸が10キロ以上続いている。

1 石　　　　2 岩　　　　3 砂　　　　4 砂利

問題3 （　　　　　）に入れるのに最もよいものを、1・2・3・4から一つ選びなさい。

11 東京（　　　　　）新大阪行きの新幹線に乗った。

1 始　　　　2 出　　　　3 発　　　　4 起

12 人気のゲームソフトは、たちまち売り（　　　　　）になった。

1 上げ　　　2 出し　　　3 切れ　　　4 行き

13 彼は20キロのマラソンコースをあきらめずに走り（　　　　　）。

1 ぬいた　　2 すんだ　　3 かねた　　4 かけた

14 この商店街には本屋が2（　　　　　）ある。

1 軒　　　　2 階　　　　3 建　　　　4 層

15 海（　　　　　）のホテルから見た夕日はとてもきれいだった。

1 そば　　　2 がわ　　　3 ぞい　　　4 つき

問題4　(　　　　　)に入れるのに最もよいものを、1・2・3・4から一つ
選びなさい

16　火事にあったが、(　　　　　)にも家族全員無事だった。

1　運　　　　　　2　幸運　　　　　　3　幸福　　　　　4　運命

17　大学から入学許可(　　　　　)が届いた。

1　告知　　　　　2　通知　　　　　　3　報告　　　　　4　通告

18　花粉の時期は家の中で洗濯物を(　　　　　)ことが多い。

1　ほす　　　　　2　のばす　　　　　3　ぬらす　　　　4　うかべる

19　賞味期限が過ぎたパンに(　　　　　)が生えていた。

1　きず　　　　　2　かび　　　　　　3　しみ　　　　　4　あわ

20　最近ずっと残業していて、体が(　　　　　)。

1　かたい　　　　2　きつい　　　　　3　よわい　　　　4　くるしい

21　スーパーに行くの？(　　　　　)、バターも買ってきてね。

1　それから　　　2　それでは　　　　3　それなら　　　4　それほど

22　空港で昔の恋人に(　　　　　)会った。

1　ぐったり　　　2　ばったり　　　　3　ぴったり　　　4　べったり

問題5 _____ の言葉に意味が最も近いものを、1・2・3・4から一つ
選びなさい。

23 あすは、また天気がくずれるそうだ。

1 晴れだ　　　　2 くもりだ　　　　3 雨だ　　　　4 かぜだ

24 すみません。このあたりに郵便局はありませんか。

1 へん　　　　2 ところ　　　　3 となり　　　　4 ぜんご

25 その哲学者の講演は内容が難しくてさっぱりわからなかった。

1 とても　　　　2 すこしも　　　　3 ぜったいに　　　4 ほんとうに

26 20年ぶりに会った同級生はイメージがすっかり変わっていた。

1 印象　　　　2 現象　　　　3 感覚　　　　4 性格

27 うちの子は先生の前ではおとなしい。

1 にぎやかだ　　2 つめたい　　3 あかるい　　4 静かだ

問題6　次の言葉の使い方として最もよいものを、１・２・３・４から一つ選び
　　　　なさい。

28　好み

1　好みのあるカフェでデートをした。

2　ジャズには好みがない。

3　新しい韓国のドラマが始まるのを好みにしていた。

4　この酒は先生の好みに合わない。

29　年代

1　年代が変わったので免許を更新した。

2　彼女と話したときに年代の差を感じた。

3　年代がたつのは早いものだ。

4　結婚する女性の平均年代が上がってきた。

30　ふける

1　今度の旅行でその国に対する理解がふけた。

2　あの教授は学問がふけている。

3　秋もふけて風が涼しくなった。

4　最近体がふけたように感じられる。

31 やたらに

1 彼女はやたらに泣いてばかりいる。

2 最近やたらに仕事が忙しくて、家に帰ると12時過ぎになる。

3 私はやたらに違う電車に乗ってしまった。

4 彼女はやたらに学問に専念した。

32 一段と

1 この季節は港の夜景が一段ときれいだ。

2 彼らは一段と走り出した。

3 一段とこの書類に目を通してください。

4 彼女は一段と金持ちらしい。

N2

文字・語彙

N·O·T·E·S
注意

1 試験開始の合図があるまで、この問題用紙を開けないでください。

2 この問題用紙を持ち帰ることはできません。

3 受験番号と名前を下の欄に、受験票と同じようにはっきりと書いてください。

4 この問題用紙は、全部で7ページあります。

受験番号 Examinee Registration Number	
名前 Name	

問題1　_____の言葉の読み方として最もよいものを、1・2・3・4から一つ選びなさい。

1　彼女の専門は人類学だそうだ。

　　1　じんしゅ　　　2　じんせい　　　3　じんぶつ　　　4　じんるい

2　あの画家の祖父はたいへん腕のいい大工だったそうだ。

　　1　たいこう　　　2　だいこう　　　3　たいく　　　　4　だいく

3　パソコンの動作が遅いのでメモリーを増やした。

　　1　どうさ　　　　2　どうさく　　　3　とうさ　　　　4　とうさく

4　彼女は過去のことはいっさい語らなかった。

　　1　かたらなかった　　　　　　　　2　おどらなかった

　　3　うつらなかった　　　　　　　　4　しゃべらなかった

5　迷子になったのか、公園で子どもが一人で泣いていた。

　　1　まいご　　　　2　まいし　　　　3　めいご　　　　4　めいし

問題2 　　　　　　の言葉を漢字で書くとき、最もよいものを 1・2・3・4 から
　　　　一つ選びなさい。

6　こんな幸せな時が<u>えいえん</u>に続くといいのに。

　　1　永遠　　　　　2　永園　　　　　3　氷遠　　　　　4　氷園

7　この建物は<u>ふくざつ</u>な構造をしている。

　　1　服雑　　　　　2　複雑　　　　　3　腹雑　　　　　4　復雑

8　最近仕事に<u>おわれる</u>毎日で、「時間がない」が口ぐせになってしまった。

　　1　圧われる　　　2　負われる　　　3　追われる　　　4　押われる

9　日が<u>しずみ</u>、あたりが暗くなった。

　　1　氾み　　　　　2　没み　　　　　3　沈み　　　　　4　汲み

10　今担当者がいないため、<u>くわしい</u>説明はできかねます。

　　1　細しい　　　　2　詳しい　　　　3　恋しい　　　　4　明しい

問題3 （　　　　　）に入れるのに最もよいものを、1・2・3・4から一つ選びなさい。

11 公園に座っているおじいさんを見て、なくなった父を思い（　　　　　）。

1　ついた　　　　2　こんだ　　　　3　だした　　　　4　つくした

12 電話のマナーについてアンケートを行ったところ、興味（　　　　　）結果が出た。

1　おおい　　　　2　ぶかい　　　　3　だかい　　　　4　おおきい

13 その新薬の使用に関しては、（　　　　　）作用が気になる人が多いらしい。

1　誤　　　　　2　次　　　　　3　不　　　　　4　副

14 T社の社長はアメリカの議会で日本（　　　　　）の謝罪^{しゃざい}をした。

1　方　　　　　2　式　　　　　3　法　　　　　4　礼

15 会社をやめて大学院へ進学したいという話は、親に言い（　　　　　）。

1　やすい　　　　2　むずかしい　　　3　づらい　　　　4　にがい

問題4 (　　　　)に入れるのに最もよいものを、1・2・3・4から一つ選びなさい。

16　健康は美しさの重要な（　　　　）の一つである。

　　1　要素　　　　　2　要旨　　　　　3　要点　　　　　4　要領

17　バスが到着したら行き先を確認し、（　　　　）よくご乗車ください。

　　1　順序　　　　　2　前進　　　　　3　順調　　　　　4　進行

18　山頂から見た真っ赤な紅葉は、目が（　　　　）ような美しさだった。

　　1　おきる　　　　2　ひかる　　　　3　すわる　　　　4　さめる

19　梅雨も明け、（　　　　）暑くなってきた。

　　1　さかんに　　　2　しだいに　　　3　いまに　　　　4　じゅんに

20　この一万円札、（　　　　）してくださいませんか。

　　1　こまかく　　　2　ほそく　　　　3　すくなく　　　4　みじかく

21　彼は雨の日も風の日も自転車を（　　　　）会社に来る。

　　1　ふんで　　　　2　流して　　　　3　こいで　　　　4　走って

22　連絡しないで人の家を訪問するのは（　　　　）に反する。

　　1　イメージ　　　2　エチケット　　3　サービス　　　4　センス

問題5 _____ の言葉に意味が最も近いものを、1・2・3・4から一つ
選びなさい。

23 くれぐれも火事にならないように用心してください。

1 用意　　　　2 注意　　　　3 心配　　　　4 安心

24 一日中立ちっぱなしで仕事をして、くたびれてしまった。

1 あきて　　　2 あきれて　　3 つかれて　　4 くずれて

25 息子は大学に入ってから、人が変わったように真剣に勉強している。

1 おおざっぱに　2 こまかく　　3 まじめに　　4 適当に

26 このチームには立派な選手がたくさんいて、たのもしいですね。

1 たのしい　　2 心強い　　　3 いさましい　　4 にくらしい

27 来られないのなら、せめて電話ぐらいすればいいのに。

1 必ず　　　　2 少なくとも　　3 せっかく　　4 どうしても

問題5　次の言葉の使い方として最もよいものを、1・2・3・4から一つ選び
　　　　なさい。

28　やがて

1　父の病気はやがてよくならない。

2　この作品を完成するのにやがて5年かかった。

3　約束の時間にやがて間に合わなかった。

4　しばらく歩くとカフェや店が増えてきて、やがて大通りに出た。

29　ねらい

1　両国の親善がこの会合のねらいだ。

2　ようやく研究完成のねらいがついた。

3　そんな成績で法学部に入りたいとは無理なねらいだ。

4　建物の大きな看板をねらいに来てください。。

30　手間

1　この作業は時間と手間がかかる。

2　入学の手間は今月中に完了しなければならない。

3　この家は手間をしないと住めない

4　パーティーのための手間な場所を探しています。

言語知識（文字・語彙）

31 むしろ

1 いくら考えてもむしろ彼女の気持ちがわからない。

2 子どもたちの成長を見ていくのがむしろ楽しいです。

3 道がこんでいる時は、バスに乗るより、むしろ歩いたほうが早い。

4 京都に来ているのなら、むしろ連絡してくれてもいいのに。

32 あきる

1 お金が足りなかったので小説を買うのをあきた。

2 毎日同じメニューであきた。変わったものが食べたい。

3 電車の中で化粧をする人がいるなんて、あきた。

4 どろぼうは警官から逃げようとしてあきた。

N2
文字・語彙

1 試験開始の合図があるまで、この問題用紙を開けないでください。

2 この問題用紙を持ち帰ることはできません。

3 受験番号と名前を下の欄に、受験票と同じようにはっきりと書いて
ください。

4 この問題用紙は、全部で7ページあります。

受験番号 Examinee Registration Number	
名前 Name	

問題1 _____ の言葉の読み方として最もよいものを、1·2·3·4から一つ選びなさい。

1 来月試験があるので、今は勉強に集中したいと思う。

  1 しゅちゅ   2 しゅうちゅ   3 しゅうちゅう   4 しゅちゅう

2 人名や図表に間違いがないか、確かめてください。

  1 とひょう   2 とひょ   3 ずひょう   4 ずひょ

3 空を見上げると、近くのビルの上に三日月がかかっていた。

  1 みかつき   2 みかづき   3 みっかつき   4 みっかづき

4 島国である日本は四方を海に囲まれている。

  1 かこまれて   2 のぞまれて   3 くまれて   4 へこまれて

5 上司に散々しかられ、惨めな気持ちになった。

  1 まじめ   2 みじめ   3 こまめ   4 にがめ

問題2　＿＿＿＿＿の言葉を漢字で書くとき、最もよいものを 1・2・3・4 から
　　　　一つ選びなさい。

6　クラスで書いた作文を集め、へんしゅうして文集にした。

　　1　扁集　　　　　2　偏集　　　　　3　遍集　　　　　4　編集

7　それはまだ使えるものだからすてないでください。

　　1　払てないで　　2　拾てないで　　3　捨てないで　　4　投てないで

8　月の光が湖のあたりをてらしている。

　　1　明らして　　　2　映らして　　　3　昇らして　　　4　照らして

9　ひさしぶりに家族みんな集まって、ゆかいなひと時を過ごした。

　　1　輪快　　　　　2　輪怪　　　　　3　愉快　　　　　4　愉怪

10　二度とふたたびこのような経験はしたくない。

　　1　結び　　　　　2　二び　　　　　3　重び　　　　　4　再び

問題3 （　　　　）に入れるのに最もよいものを、1・2・3・4から一つ選びなさい。

11　その子犬をタローと名（　　　　）。

1　づけた　　　　2　いった　　　　3　よんだ　　　　4　づくった

12　彼女は（　　　　）アナウンサーなので発音がきれいだ。

1　元　　　　2　原　　　　3　本　　　　4　基

13　ボクシングのおもしろさがやっとわかり（　　　　）ところで、腕を痛めてしまった。

1　かねた　　　　2　かけられた　　　3　かけた　　　　4　かかる

14　その社長の謝罪の言葉には重（　　　　）が感じられなかった。

1　さ　　　　2　け　　　　3　み　　　　4　め

15　その料理教室、見学・体験ができるかどうか電話で問い（　　　　）みよう。

1　あわせて　　　2　しらべて　　　3　きいて　　　　4　きかせて

問題4　(　　　　　)に入れるのに最もよいものを、1・2・3・4から一つ
　　　　選びなさい。

16　(　　　　　)が高くて洗濯物が乾かない。

　　1　雨量　　　　　2　水分　　　　　3　温度　　　　　4　湿度

17　彼女の机の上には、優しく(　　　　　)いる祖母の写真が置いてある。

　　1　つぶやいて　　2　さけんで　　　3　うらんで　　　4　ほほえんで

18　彼が話し出すと、いつも話が長くて(　　　　　)なる。

　　1　くどく　　　　2　ひどく　　　　3　あくどく　　　4　するどく

19　クラブのメンバーは(　　　　　)違った考えを持っていた。

　　1　さまざま　　　2　あれこれ　　　3　めいめい　　　4　べつべつ

20　日本に留学した時勉強しながら、夢と現実の違いを(　　　　　)感じた。

　　1　しみじみ　　　2　だんだん　　　3　まあまあ　　　4　ぼつぼつ

21　A：「(　　　　　)。」

　　B：「はい、どちらさまですか。」

　　1　ごめんなさい　　　　　　　2　ごめんください

　　3　ごらんください　　　　　　4　ごえんりょなく

22　11時になると、彼は店の(　　　　　)を閉めて帰った。

　　1　クーラー　　　2　シャッター　　3　スタンド　　　4　テーブル

問題5 _____ の言葉に意味が最も近いものを、1・2・3・4から一つ選びなさい。

23　詳しいことは<u>担当</u>の者にお聞きください。

　　1　受付　　　　　2　係り　　　　　3　近く　　　　4　窓口

24　ワンピースにその靴では<u>つりあい</u>が取れない。

　　1　リズム　　　　2　スマート　　　3　バランス　　4　モダン

25　娘は性格が<u>ほがらか</u>で、クラスで人気者だ。

　　1　おとなしくて　2　明るくて　　　3　勝手で　　　4　暗くて

26　目標にしていた資格試験に<u>ついに</u>合格した。

　　1　とうとう　　　2　やっぱり　　　3　すでに　　　4　ただちに

27　そのうわさは<u>たちまち</u>校内に広がった。

　　1　さらに　　　　2　しばしば　　　3　すぐに　　　4　ゆっくり

問題6 次の言葉の使い方として最もよいものを、1・2・3・4から一つ選び
なさい。

28 格別

1 今日は格別忙しくない。

2 今年の冬の寒さは格別だった。

3 布をたくさん使うのが、彼女の作品の格別だ。

4 彼女は手先が器用で、格別あつかいされている。

29 みっともない

1 子どもの前でけんかするのはみっともないから止めてください。

2 この鳥は子供のときはみっともない顔をしている。

3 彼女の才能はみっともないほどだ。

4 彼女にふられてみっともない思いをした。

30 ゆるい

1 聞き取れないので、もっとゆるく話してください。

2 彼女は毎晩会社の帰りがゆるい。

3 彼は歩き方がゆるい。

4 ゆるくなった靴ひもを結び直した。

[31] それとも

1 窓を開けた。それとも涼しい風が入ってきた。

2 一生懸命勉強した。それとも成績は上がらない。

3 その提案を引き受けるべきか、それとも断るべきか分からない。

4 サラダ油それともオリーブ油をフライパンに引いてください。

[32] あやうく

1 ゲームをしている父はあやうく子どものようだ。

2 あやうくバスに乗り遅れるところだった。

3 あやうく雨が降りそうだ。

4 あやうくあしたは台風が来るらしい。

실전 예상 문제
파이널 모의테스트

정답 · 해설

PART 1 / 한자 읽기

실전 예상 문제 1

1	2	3	4	5
2	2	1	2	2
6	7	8	9	10
3	1	4	4	2

해석 및 해설

1 그 팀이 이길 확률은 10분의 1이다.
「率」는 '솔'로 읽힐 때는 「そつ」, '율, 률'의 경우는 「りつ」로 발음한다.

2 곤란한 상황에 처했을 때 도와준 역무원이 매우 친절해서 감격했다.

3 미래의 내 자신의 모습을 공상해 보았다.

4 기부금을 집계했더니 천 만엔이 되었다.
集計しゅうけい 집계. 우리 말의 받침 'ㅂ, ㅇ'은 보통 일본어에서는 장음이 된다. 따라서 '집(集)'도 「しゅ」가 아닌 「しゅう」이다.

5 예정에 변경은 없다.

6 이곳은 공공시설이므로 누구든지 이용할 수 있습니다.

7 앙케트 조사 결과를 참고로 하여 보고서를 작성했다.

8 일본어능력시험은 연 2회 실시된다.

9 요즘은 불경기로 수입이 계속 줄고 있다.

10 신제품은 순조롭게 팔리고 있다.

실전 예상 문제 2

1	2	3	4	5
2	2	2	4	3
6	7	8	9	10
3	4	4	3	4

해석 및 해설

1 그의 방에는 위아래가 거꾸로 된 시계가 걸려 있다.

2 지난달 전기 소비량이 많은데 놀랐다.

3 가정에서의 교육 방침이 아이의 장래에 영향을 끼친다.

4 풀잎에 달려 있는 물방울 사진을 찍었다

5 그 가수의 조상은 유명한 정치가였다.

6 이 주변에는 3월 중순이 되면 벚꽃이 피기 시작한다.

7 이 키를 누르면 컴퓨터 화면의 밝기를 조절할 수 있습니다.

8 그룹을 대표해서 한말씀 드리겠습니다.

9 아이가 산수 숙제를 할 때는 전자계산기를 사용하지 못하게 하고 있다.

10 이것은 전염되는 병이 아니니까 학교에 가도 돼요.

실전 예상 문제 3

1	2	3	4	5
2	4	3	1	2
6	7	8	9	10
2	3	1	4	2

해석 및 해설

1 장차 독립하여 내 가게를 가지기 위해 날마다 노력하고 있다.

2 우리 나라는 그 나라와 우호적인 관계에 있다.

3 교류회의 출석 유무(여부)는 동봉한 엽서로 알려 주세요.
有無うむ 유무. 「ゆうむ」가 아니므로 유의한다.

4 수평선에 어선의 불빛이 보였다.

5 음식을 입에 넣고 말하는 것은 예의범절에 어긋나는 행동이다.
行儀ぎょうぎ 예의범절, 행동거지

6 이 지방의 주된 작물은 무와 수박이라고 한다.
作物さくもつ (농)작물. 「作物さくぶつ」는 문학이나 예술 작품을 나타낸다.

7 다음 도형의 면적을 구하시오.
図形ずけい 도형. 「とけい」로 잘못 읽지 않도록 주의하자.

8 정오 뉴스를 전해 드리겠습니다.

9 그녀는 여성으로서는 최초로 국방장관이 되었다.

10 작업에 새로운 방법을 도입했더니 능률이 올랐다.

실전 예상 문제 4

1	2	3	4	5
3	4	3	2	4
6	7	8	9	10
2	1	3	2	2

해석 및 해설

1 같은 한자라도 읽는 방법이 다른 성도 있다.
名字みょうじ 성.

2 어부가 물고기가 잘 낚이는 장소를 가르쳐 주었다.
漁師りょうし 어부. 「ぎょし」로 발음하지 않는다.

3 이 구두는 빗길이나 눈길에도 미끄러지지 않도록 고안되어 있습니다.
工夫くふう 궁리, 연구, 고안

4 귀중품은 프런트에 맡겨 주세요.

5 아침부터 두통이 너무 심해서 학교를 빠지고 말았다.

6 호텔 창문에서 내려다본 거리의 경치가 매우 아름다웠다.

7 인간은 늘 자연의 혜택을 받으며 살고 있다.

8 이 주변은 지반이 약하기 때문에 지진이 발생했을 때 위험하다.
地盤じばん 지반

9 이 프린터는 조작이 간단한 데다 표시도 보기 쉽게 되어 있다.
操作そうさ 조작. 「そうさく」로 잘못 읽지 않도록 주의.

10 전혀 알지도 못하는 사람에게 핸드폰 번호를 가르쳐 준 것은 경솔했다.
軽率けいそつ 경솔

실전 예상 문제 5

1	2	3	4	5
3	4	3	2	4
6	7	8	9	10
4	2	4	2	2

해석 및 해설

1 나는 대학에 다니기 위해 부모 곁을 떠나 하숙하고 있다.

2 10시에 운동장에 집합해 주세요.

3 오늘 아침 편의점을 습격한 강도는 아직 잡히지 않은 모양이다.
強盗ごうとう 강도. 「きょうとう」로 잘못 읽지 않도록 주의하자.

4 대통령이 텔레비전을 통해 국민을 향해 연설했다.
演説えんぜつ 연설

5 일본은 여러 분야에서 구미(유럽과 미국)를 보고 배웠다.

6 남편은 올해 5번째 금연선언을 했다.

7 지배인에게 요리가 식었다고 불편사항을 말했다.
苦情くじょう 민원, 불편 사항, 불만

8 2로 나누어 떨어지는 수를 짝수라고 한다.
偶数ぐうすう 짝수. 홀수는 「奇数きすう」이다.

9 지난번에 슈퍼에 갔더니 당첨자 번호가 게시되어 있었다.

10 이 보석을 몸에 지니면 행복을 불러다 준다고 한다.

실전 예상 문제 6

1	2	3	4	5
3	2	3	1	4
6	7	8	9	10
3	4	3	4	3

해석 및 해설

1 100년 역사를 자랑하는 이 회사는 여러 경영 위기를 극복하며 성장해 왔다.
克服こくふく 극복

2 이것은 원래 사막 식물이므로 비가 적은 지역에서도 잘 자란다.
砂漠さばく 사막

3 출산하고 나서 육아에 쫓기는 생활을 하고 있다.

4 그 살인 사건의 범인은 현장에서 체포되었다.

5 인도에서 1,500명이 탑승한 열차가 탈선하는 사고가 있었다.

6 '내 소중한 자식을 야단치지 마라'고 교사에게 불만을 말하는 상식 없는 부모도 있다.

7 러시아워를 지났기 때문인지 차내에 승객은 별로 없었다.

8 이 지역에서는 겨울에 눈 속에 야채를 저장해 둔다고 한다.
貯蔵ちょぞう 저장. 「冷蔵庫れいぞうこ」의 「蔵ぞう」라고 외우면 쉽다.

9 투명인간이 되면 우선 맨 처음 무엇을 하고 싶으세요?

10 통계에 따르면 전년보다 실업률이 1포인트 내려갔다고 한다.

실전 예상 문제 7

1	2	3	4	5
2	1	3	1	4
6	7	8	9	10
3	3	3	2	1

해석 및 해설

1 비가 거세졌기 때문에 덧문을 닫았다.
雨戸あまど 비를 가리기 위한 덧문. 「あめど」가 아닌 점에 유의하자.

2 주택 신축을 위해 마당에 있던 우물을 매워 버렸다.
井戸いど 우물

3 역 개찰구를 나가자 친구가 웃는 얼굴로 맞아주었다.

4 편도 항공권을 사서 일본에 갔다.

5 손을 흔들어 그에게 저쪽으로 가라고 신호했다.
　合図あいず 신호

6 비탈길 경사가 급해서 오르는 것이 힘들었다.
　坂さか 언덕, 비탈길

7 그는 모자에서 토끼를 꺼내는 마술을 보였다.
　手品てじな 마술　披露ひろう 피로, 보임

8 신분을 증명할 수 있는 것을 뭔가 가지고 계십니까?
　身分みぶん 신분

9 그녀는 화나 있지 않았다. 단순한 연극이었다.
　芝居しばい 연극

10 낚시에 관해서는 아직 초보입니다.
　素人しろうと 초보, 신참내기

실전 예상 문제 8

1	2	3	4	5
2	2	3	1	1
6	7	8	9	10
3	1	1	3	1

해석 및 해설

1 그 편지에는 내 자식의 행복을 기원하는 어머니의 마음이 나타나 있었다.
　表あらわれる 나타나다, 표현되다. 現あらわれる 나타나다, 출현하다

2 세계의 굶주리고 있는 아이들을 생각하면 마음이 아프다.
　飢うえる 굶다, 굶주리다.

3 이제 곧 어버이날인데 무엇을 선물할지 고민하고 있다.
　贈おくる 선물하다.「送おくる」는 보내다, 바래다 주다

4 당신을 생각해서 충고한 친구를 원망해서는 안 된다.
　恨うらむ 원망하다

5 비가 그친 밤하늘에 별이 빛나고 있었다.
　輝かがやく 빛나다

6 더러워진 접시는 포개어 놓지 않도록 해 주세요.
　重かさねる 겹치다, 포개다

7 햄버그스테이크를 만들려고 양파를 다졌더니 눈물이 나왔다.
　刻きざむ 잘게 썰다, 다지다

8 거리를 걷고 있으면 전단을 나눠 주고 있는 사람을 자주 보게 된다.
　配くばる 나눠주다, 배부하다

9 맛이 진하면 물을 적당량 추가하세요.
　加くわえる 더하다, 보태다

10 빌딩 화재 현장에서 '살려주세요'라고 외치는 소리가 들렸다.
　叫さけぶ 외치다

실전 예상 문제 9

1	2	3	4	5
2	3	2	3	3
6	7	8	9	10
3	3	2	1	2

해석 및 해설

1 최근의 휴대전화기는 많은 기능을 갖추고 있어서 편리하다.
　備そなえる 갖추다, 대비하다, 준비하다

2 모의테스트를 치러서 현재의 실력을 시험해 보려고 한다.

3 지기 시작한 벚꽃 잎이 연못에 떠 있다.

4 냉장고가 고장 나서 아이스크림이 녹아 버렸다.

5 날마다의 노력이 결실을 맺어 국가대표로서 올림픽에 출장하게 되었다.
　実みのる 열매 맺다, 결실하다

6 이삿짐을 트럭에 싣고 새 아파트로 출발했다.

7 밥그릇에 밥을 담다.
　盛もる 담다, 넣다

8 '흡연'은 이제 시대의 흐름을 거스르는 행위가 되고 있는 것일까.
　逆さからう 거역하다, 거스르다

9 그녀는 판매 일에 종사하고 있다.
　携たずさわる 종사하다, 관계하다

10 그는 항상 자신에 차 있어 만나면 힘이 난다.
　自信じしんに満みちる 자신에 차다

실전 예상 문제 10

1	2	3	4	5
4	1	3	3	3
6	7	8	9	10
2	4	1	2	3

해석 및 해설

1 다음 주 월요일에 병문안 가 뵙고 싶어 연락 드렸습니다.
　伺うかがう 여쭙다, 찾아 뵙다

2 예뻐하던 새가 죽어서 마당에 묻고 무덤을 만들었다.
　埋うめる 묻다, 메우다

3 눈이 올 것 같아서 화단을 시트로 덮었다.
　覆おおう 덮다

4 담배는 몸에 나쁜 영향을 미치기 때문에 끊는 편이 좋다.
影響えいきょうを及およぼす 영향을 미치다.

5 냉장고 안에 기름을 보관해 두면 굳어지기 때문에 주의하세요.

6 동경하던 선배와 짝을 이루어 일하게 되었다.
ペアを組くむ 짝을 이루다

7 체중이 20킬로그램이나 늘어서 깜짝 놀라 자세히 봤더니 체중계가 고장 나 있었다.
狂くるう (기계・시계가) 고장나다

8 아침에 일어나면 이불을 개서 정리한다.

9 버스는 고속도로에 들어서자 스피드를 더하여 달렸다.
スピードを増ます 스피드를 더하다, 증강하다

10 무서워서 손이 덜덜 떨렸다.

실전 예상 문제 11

1	2	3	4	5
1	4	1	2	1
6	7	8	9	10
2	1	2	2	2

해석 및 해설

1 조사 결과 이 그림은 가짜임이 밝혀졌다.
明あきらかな 명백한

2 이 강은 얕아서 수영할 수 없다.

3 말을 탄 잔 다르크의 동상을 보았다. 용맹스러운 모습이었다.
勇いさましい 용감하다

4 가수가 되고 싶다는 어릴 적부터의 꿈이 이루어졌다.

5 그는 온화한 사람으로 좀처럼 화를 내지 않는다.

6 점원의 무리한 권유에 못 이겨 비싼 향수를 두 병이나 사고 말았다.
強引ごういんな 억지인, 막무가내인, 무리한

7 밤에 자기 전에 진한 차를 마시면 잠이 오지 않게 된다.

8 두 개의 도형은 모양은 다르지만 면적이 똑같다.

9 달에는 풍부한 자원이 있다고 한다.

10 비가 심하게 오기 전에 시합을 중지한 것은 타당한 판단이었다.

실전 예상 문제 12

1	2	3	4	5
1	3	1	4	1
6	7	8	9	10
2	3	2	4	1

해석 및 해설

1 일본에 오고 나서 살이 쪄 버려서 바지가 헐렁해졌다.
緩ゆるい 느슨한, 헐렁한

2 개인 정보의 엄중한 관리를 부탁드립니다.
厳重げんじゅうな 엄중한

3 이 동물이 사람들 앞에 나타나는 것은 드문 일이다.
稀まれな 드문. 希まれな라고도 쓴다.

4 시골에 계신 할아버지가 기르는 개는 매우 영리하고 귀엽다.

5 그 만한 인재를 잃는 것은 아까운 일이다.

6 전기요금을 절약할 수 있는 똑똑한 에어컨 사용법을 소개해 드리지요.

7 어머니가 쓰러져서 입원했는데 다행히 큰 일은 없었다.
幸さいわい 다행히

8 갑자기 나타난 자전거에 부딪칠 뻔 했다.

9 그녀와는 중학교 때 짝꿍이었던 것이 계기가 되어 친해졌다.

10 그 건에 관해 솔직한 의견을 들려 주십시오.

PART 2 / 한자 표기

실전 예상 문제 1

1	2	3	4	5
1	2	4	3	3
6	7	8	9	10
3	3	2	4	3

해석 및 해설

1 실행위원회가 축제 준비를 진행하고 있다.

2 로마는 도쿄와 비슷한 위도에 있다.

3 영양이 치우치지 않은 식사를 하도록 명심하고 있다.

4 액체류는 비행기 안에 가지고 들어갈 수 없다.

5 대학을 졸업하고 나서는 부모의 원조 없이 생활하고 있다.

6 학교 왕복은 버스를 이용하고 있다.
往復おうふく 왕복. 「住」는 「住民じゅうみん 주민」에 쓰인다.

7 아내가 때로는 집안일로부터 해방되고 싶다고 해서 가족 여행을 가기로 했다.

8 새 차는 쾌적한 승차감을 가지고 있다.
快適かいてき 쾌적함. 「摘」는 「指摘してき 지적」에 쓰인다.

9 재산 관리를 변호사에게 맡기기로 했다.

10 지하철은 10분 간격으로 발차한다.

실전 예상 문제 2

1	2	3	4	5
3	3	2	2	3
6	7	8	9	10
1	2	2	1	2

해석 및 해설

1 좀 쉬죠.
「休憩きゅうけい 휴게」와 「休息きゅうそく 휴식」의 구별에 주의한다.

2 결혼식은 세계 각국에서 일상적으로 거행되는 의식이지만, 나라에 따라 형태가 다르다.
儀式ぎしき 의식. 「義」는 「義理ぎり 의리」에 쓰인다.

3 이 천은 땀을 잘 흡수한다.

4 선생님이 특히 강조해서 설명한 부분을 메모해 둔다.

5 지진이 발생했을 때 가스 공급이 중지되는 일이 있다.

6 신종 인플루엔자가 국경을 넘어 세계 각지에 퍼졌다.
国境こっきょう 국경. 「鏡」는 「鏡かがみ 거울」에 쓰인다.

7 S사의 제품은 국제 시장에서 충분한 경쟁력이 있다.

8 의사는 환자에게 술을 마시지 말도록 경고했다.
警告けいこく 경고. 「敬」는 「敬語けいご 경어」에 쓰인다.

9 영어와 독일어는 같은 계통의 언어이다.
系統けいとう 계통. 「係」는 「関係かんけい 관계」에 쓰인다.

10 딸아이가 다음에 무엇을 할지 예측을 할 수 없다.
見当けんとうがつく 짐작하다, 예측하다.

실전 예상 문제 3

1	2	3	4	5
2	2	2	2	3
6	7	8	9	10
1	4	3	2	3

해석 및 해설

1 지금 기업에 있어 중요한 것은 인적 자원을 잘 활용하는 것이다.
資源しげん 자원. 「原」은 「原因げんいん 원인」에 쓰인다.

2 회사는 그녀의 공적을 인정하여 승진시켰다.
功績こうせき 공적. 「積」는 「面積めんせき 면적」에 쓰인다.

3 부모님은 도쿄의 교외에 살고 있다.

4 선배로부터 잡지 구독을 권유 받았다.
購読こうどく 구독. 「構」는 「構造こうぞう 구조」에 쓰인다.

5 근처 공원의 단풍이 너무 예뻐서 개를 데리고 산책하고 왔다.
紅葉こうよう 단풍. もみじ라고도 한다.

6 이 파일은 필요 없기 때문에 삭제해도 좋습니다.

7 이 소설가의 작품은 많은 동세대의 여성에게 지지를 얻고 있다.

8 이 나라에서는 전쟁이 끝나지 않아 식량과 생활 물자가 부족한 실정이다.

9 이 작품에는 작자의 사상이 나타나 있다.

10 친구에게 8만엔의 빚이 있다.
借金しゃっきん 빚, 돈을 빌림

실전 예상 문제 4

1	2	3	4	5
2	3	3	2	1
6	7	8	9	10
4	3	3	3	3

해석 및 해설

1 콘서트는 무사히 종료되었다.

2 아이의 자주성을 강조하면서 숙제를 도와주는 것은 모순된 행동이다.
   矛盾むじゅん 모순. 「循」는 「循環じゅんかん 순환」에 쓰인다.

3 여기에 서명해 주세요.
   署名しょめい 서명. 著名ちょめい 저명.

4 전직 프로 선수가 상대라면 승부가 되지 않는다.
   勝負しょうぶ 승부. 勝敗しょうはい 승패

5 아들의 무신경한 한마디가 남편을 화나게 했다.

6 이제 고등학생이고 하니 좀 더 진지하게 장래를 생각하세요.
   真剣しんけん 진지함

7 미국은 양대 정당제도의 나라이다.

8 아침에 청소차 소리에 잠을 깬다.

9 보험 회사에 보험금 지불을 청구했다.

10 그는 과학 분야에서 훌륭한 업적을 올렸다.
   業績ぎょうせき 업적. 成績せいせき 성적. 功績こうせき 공적. 実績じっせき 실적. 모두 「積」이 아닌 「績」을 쓰는 데 유의한다.

실전 예상 문제 5

1	2	3	4	5
1	3	3	1	2
6	7	8	9	10
2	2	3	3	1

해석 및 해설

1 그들 형제는 매우 대조적이다. 형은 키가 크고 살이 쪘으며, 동생은 덩치가 작고 말랐다.

2 단체 20명 이상은 요금이 20퍼센트 할인된다.

3 이 그림은 아무한테도 주목받지 못했었다.

4 이 책의 저자를 아세요?
   著者ちょしゃ 저자. 箸はし 젓가락.

5 사장님 앞에서 긴장하여 제대로 의견을 말하지 못했다.

6 세뱃돈을 저금하기 위하여 통장을 만들었다.

7 상대가 때리려 덤벼들었기 때문에 저항했다.

8 600년 전의 무역선이 해저에 잠겨 있었다.
   海底かいてい 해저

9 불경기의 영향으로 아버지 회사가 도산했다.
   倒産とうさん 도산

10 어릴 때 배웠던 동요를 거의 기억하지 못한다.

실전 예상 문제 6

1	2	3	4	5
3	4	2	3	4
6	7	8	9	10
2	1	3	2	3

해석 및 해설

1 유리 파편에 찔려서 피가 났다.

2 통신판매로 셔츠를 샀는데 사이즈가 안 맞아서 반품했다.
   販売はんばい 판매.

3 그 소설가의 작품에는 시대를 반영한 것이 많다.

4 그는 동료에 대해 비판만 한다.

5 새로 생긴 레스토랑, 가격은 좀 비싸지만 맛있다는 평판이다.
   「評判ひょうばん」은 '평판'이라는 명사로 쓰기도 하고, '평판이 좋다'는 의미의 な형용사로 쓰기도 한다.

6 그의 체중은 표준 이상이다.

7 너는 이 일에 대해서 전혀 불평을 안 하는구나.

8 어릴 때 부모님을 잃었기 때문에 대학의 학비를 할아버지가 부담해 주었다.

9 복수의 목격자가 사건 현장에 있었다.
   複数ふくすう 복수. 「復」는 「回復かいふく 회복」에 쓰인다.

10 이 책은 재미있는 이야기들을 모아 편집한 것입니다.

실전 예상 문제 7

1	2	3	4	5
4	1	2	3	1
6	7	8	9	10
3	2	4	1	2

해석 및 해설

1 부모님은 최근에 걸음마를 시작한 손자가 예뻐서 견딜 수 없는 모양이다.
   孫まご 손자. 甥おい 남자조카. 娘むすめ 딸. 息子むすこ 아들.

2 내리실 때는 발 밑을 조심하십시오.

3 피자 반죽을 잘 만드는 요령을 소개하겠습니다.
「生地きじ」는 '반죽' 외에도 '천'의 의미가 있다.

4 표는 왕복으로 사는 편이 저렴하다.

5 쌀은 술의 원료로도 사용된다.

6 수도를 사용한 후에는 즉시 수도꼭지를 잠그도록 해 주세요.
蛇口じゃぐち 수도꼭지

7 잡초는 뿌리부터 뽑지 않으면 또 자라기 때문에 골치 아프다.
根ね 뿌리. 枝えだ 나뭇가지. 杖つえ 지팡이. 柱はしら 기둥.

8 그는 멍하니 회색 하늘을 바라보고 있었다.
灰色はいいろ 회색. 茶色ちゃいろ 갈색. 紺色こんいろ 감색. 緑色みどりいろ 녹색

9 지도에 빨간 펜으로 표시했다.

10 만 엔을 오천 엔짜리 지폐 한 장과 천 엔짜리 지폐 다섯 장으로 바꿨다.

실전 예상 문제 8

1	2	3	4	5
1	3	1	2	3
6	7	8	9	10
2	1	1	3	2

해석 및 해설

1 그녀는 역술가에게 결혼 점을 봤다.
占うらなう 점치다

2 이 소설은 사춘기 소년의 마음을 잘 묘사하고 있다.
描えがく 그리다, 묘사하다

3 신축한지 얼마 안 됐는데 지반이 약해서 집이 조금 기울어지고 말았다.
傾かたむく 기울어지다,

4 물을 주지 않은 탓에 튤립 화분이 말라 죽고 말았다.
枯かれる 말라 죽다

5 전시물에 손대서는 안됩니다.
～に触さわる ～에 손대다, 만지다

6 마당에 이름을 알 수 없는 식물이 자라났다.
生はえる (초목·털·치아 등이) 나다, 돋아나다

7 이 크림은 피부가 거칠어지는 것을 막아준다.
防ふせぐ 막다, 방지하다

8 몇십 분이나 고민해서 겨우 수학 문제를 풀 수 있었다.

9 이 버스 노선은 두 개의 역을 잇고 있다.

10 자주성을 키워주기 위해 용돈 사용 방법은 아이에게 맡기기로 했다.

실전 예상 문제 9

1	2	3	4	5
3	1	4	3	2
6	7	8	9	10
4	2	1	1	3

해석 및 해설

1 전철에서 할머니에게 자리를 양보했다.

2 그는 나에게 폐를 끼친 것을 사과했다.

3 눈길이라 미끄러지기 쉽기 때문에 넘어지지 않도록 조심하세요.

4 우산을 가지고 있지 않았기 때문에 완전히 비에 젖고 말았다.
濡ぬれる 젖다

5 국민은 빨리 경기가 좋아지기를 바라고 있다.

6 여관 창문에서 밖을 봤더니 저녁놀이 호수에 비쳐 너무 아름다웠다.
映うつる 비치다. 移うつる 바뀌다, 옮겨지다

7 오늘은 날씨가 맑았기 때문에 어제 비에 젖었던 신발을 밖에 내놓고 말렸다.
乾かわかす 말리다

8 동창생 결혼식에 초대받고 갔다.

9 쓰레기는 타는 쓰레기와 타지 않는 쓰레기로 분리하여 내놓아 주세요.
燃もえる 타다. 焼やける 타다, 구워지다

10 힘들었을 때도 희망이 나를 지탱해 주었다.

실전 예상 문제 10

1	2	3	4	5
3	3	3	1	1
6	7	8	9	10
2	1	3	1	1

해석 및 해설

1 그는 일본에서 가장 위대한 정치가 중 한 사람이다.
偉えらい 위대한, 지위가 높은

2 사상자가 100명에 이르는 무서운 열차 사고가 발생했다.

3 내 여동생은 손재주가 좋아 머플러라면 금방 짤 수 있을 거라고 생각한다.
手先てさきが器用きようだ 손재주가 좋다

4 응원했던 팀이 지고 말아 분한 마음이 들었다.

5 경사가 급한 비탈길을 걸었더니 숨이 가빠왔다.
　　苦くるしい 고통스럽다, 괴롭다

6 그녀는 오랫동안 서울에 살았기 때문에 한국 사정을 잘
　　안다.
　　詳くわしい 상세하다, 잘 알다

7 여기서부터는 평평한 길이 이어지기 때문에 걷기 쉽다.

8 아들도 성인식을 맞이하여 점점 믿음직스러워졌다.

9 아버지가 남긴 막대한 유산을 평화단체에 기부했다.

10 경제적으로 풍족한 삶을 살고 있어도 마음이 가난한 사람
　　이 있다.

PART 3 　어형성

실전 예상 문제 1

1	2	3	4	5
2	1	3	4	1
6	7	8	9	10
2	3	4	1	2

해석 및 해설

1 과보호로 자란 아이는 스스로 할 일을 결정하지 못하는 경
　향이 있다.

2 현 시점에서 우리가 할 수 있는 것은 이것뿐이다.

3 본 사이트에서는 단기간에 금방 벌 수 있는 고수입 아르바
　이트를 소개하고 있습니다.

4 이것은 금세기 최고의 발견이다.

5 그는 소프트웨어 개발의 최첨단에 있다.

6 홈 스테이 가족과 첫 대면 인사를 나누었다.
　　初対面しょたいめん 첫 대면

7 이번 정상 회담에서는 세계 경제의 제 문제에 대해서 논의
　된다.
　　諸問題 しょもんだい 제 문제, 여러 문제

8 이 나라에서는 4월에 총선거가 이루어진다.

9 교외에서 도심으로 향하는 아침 통근전차는 항상 초만원이
　다.

10 그 드라마는 재미있지만 비현실적이라는 비판도 있다.

실전 예상 문제 2

1	2	3	4	5
3	4	3	1	2
6	7	8	9	10
4	3	2	4	1

해석 및 해설

1 불규칙한 식사가 원인이 되어 몸을 해치고 말았다.

2 그 살인사건은 미해결인 채 3년이 지났다.
　　未解決みかいけつ 미해결. 未完成みかんせい 미완성. 「未」는 '아
　직 ～하지 않음'의 의미를 나타낸다.

3 입사 2개월째에 갑자기 그만두다니 무책임하다고 말할 수
　밖에 없다.

4 1939년에 만들어진 이 영화는 '내일 일은 내일 생각하자'라는 명대사를 남겼다.

5 근년 정보기술의 발달에 따라 사회·경제의 정보화가 진행 중이다.

6 스스로 배우는 것에 대한 기쁨과 충실감을 얻을 수 있는 학습이 무엇보다 중요하다.

7 A그룹 창업자의 생애를 그린 한 권의 책이 내 인생관을 바꿔 놓았다.

8 잡지 「영화○○」 최신호가 나와 있어 사 가지고 돌아갔다.

9 첫 대면의 상대에게 지나치게 개성을 주장하면 라이벌시 되기 쉽다.
「ライバル視し」의 「~視」는 '~로 여김, ~로 취급함'의 의미가 있다.

10 세워져 있는 차에서 연기가 난다고 소방서에 통보가 들어왔다.

실전 예상 문제 3

1	2	3	4	5
2	3	2	1	2
6	7	8	9	10
3	4	3	1	2

해석 및 해설

1 매일 외식하면 식사비도 무시할 수 없게 된다.
食事代しょくじだい의 代だい는 그 밖에도 ガス代(가스 요금), バス代(버스 요금)에도 사용한다.

2 봉사로 한 것이기 때문에 돈은 받을 수 없습니다.
受うけ取とる 받다

3 그녀는 내년에 결혼한다는 소문을 부인했다.
打うち消けす 부정하다, 지우다

4 손님이 물건을 잊고 갔다는 사실을 알고 쫓아갔지만 놓치고 말았다.
追おいかける 뒤쫓아가다

5 A 선수는 처음에는 뒤처져 있었는데 25km 지점에서 선두 그룹을 따라잡았다.
追おい付つく 따라 붙다, 따라잡다

6 앞에서 걷고 있던 사람이 갑자기 멈춰 섰기 때문에 부딪힐 뻔했다.

7 이 길을 가다 막다른 곳에서 오른쪽으로 돌면 은행이 있습니다.
突つき当あたる 부딪치다, 막다르다

8 길을 알 수 없어서 마침 지나가는 사람에게 물었더니 친절하게 가르쳐 주었다.

通とおりかかる 마침 그곳을 지나가다

9 홋카이도에 여행갈 예정이었는데 지진에 관한 뉴스를 듣고 예약을 취소했다.
取とり消けす 취소하다

10 예약을 취소할 경우 요금 환불은 이루어지지 않습니다.
払はらい戻もどす 환불하다

실전 예상 문제 4

1	2	3	4	5
4	3	1	2	4
6	7	8	9	10
3	1	2	3	2

해석 및 해설

1 전화 요금을 우체국 창구에서 불입했다.
払はらい込こむ 불입하다, 지불하다

2 아들이 전혀 공부는 안하고 만화만 읽고 있어서 모두 몰수했다.
取とり上あげる 집어 들다, 문제 삼다, 몰수하다

3 토요일에 외출할 일이 생겨서 아이를 봐 달라고 여동생에게 부탁했더니 흔쾌히 받아들여 주었다.

4 지갑을 두고 온 것을 알고 집에 돌아갔다.
引ひき返かえす 되돌아가다, 철수하다

5 최근 수년간 매상고가 전년을 5~10% 웃돌고 있다.

6 우연히 손에 잡은 책을 읽기 시작했는데 재미있어서 멈출 수 없었다.
동사 ます형+かける '어떤 일을 하던 도중이다, 하기 직전이다'

7 교장 선생님이 학생들에게 인플루엔자에 주의하도록 호소했다.
呼よびかける 호소하다

8 이 노래를 부른 가수의 이름이 좀처럼 생각나지 않는다.
思おもい出だす (과거의 일, 잊었던 일이) 생각나다

9 많은 사람들이 장애가 있는 사람은 일을 잘 못한다고 믿어버리는 건 아닐까요.
思おもい込こむ 혼자 그렇게 정하고 믿어버리다

10 4월에 눈이 내리다니 좀 믿기 어렵다.
동사 ます형+がたい ~하기 어렵다

실전 예상 문제 5

1	2	3	4	5
2	4	1	2	3
6	7	8	9	10
1	2	3	4	3

해석 및 해설

1 건강할 때는 건강의 고마움을 잊기 십상이다.
  명사, 동사 ます형+がちだ ～하는 경향이 있다, 자주 ～한다

2 좀 피곤한 듯해서 기분전환을 위해 외출했다.
  명사, 동사 ます형+気味ぎみ ～하는 경향이나 모습, 느낌이 있다

3 코치는 벤치에서 불안한 듯이 시합을 주시하고 있었다.
  명사, 형용사의 어간, 동사 ます형+げ ～한 듯하다

4 그녀는 일요일마다 교회에 간다.
  ～ごとに ～마다

5 여행지에서 서로 알게 된 사람과 지금도 메일로 연락하고 있다.
  동사 ます형+合あう 서로 ～하다

6 날씨 여하에 따라 어디 갈지 정하자.
  명사+次第しだいで ～여하에 따라

7 옷에 껌이 눌러 붙어서 떨어지지 않는다.

8 마이클 잭슨의 갑작스러운 죽음에 온 세계 사람들이 슬퍼했다.
  ～中じゅう 온～, 전～

9 밤이 되면 이 거리에는 도로를 따라 노점상이 나와 있다.
  ～沿ぞい ～을 따라서, 에 연하여

10 어느 날 그녀는 한 통의 편지를 받았다.

실전 예상 문제 6

1	2	3	4	5
3	2	1	2	2
6	7	8	9	10
1	4	3	2	1

해석 및 해설

1 그런 일로 싸우다니 애들 같다.
  명사, 동사 ます형+っぽい ～한 성질, 경향이 강하다. 「子どもらしい」의 「らしい」는 '～다운, ～의 자질을 갖춘 '의 의미임.

2 이 작업을 하려면 방법이 두 가지 있다.

3 테스트 후에는 검토를 잊지 않도록 하세요.

동사 ます형+直なおす 다시～하다

4 처음 만나는 사람은 그의 박력있는 말투에 압도당하고 만다.
  ～ぶり '～의 상태나 모습'을 나타냄

5 파티용 요리이기 때문에 이삼 인분 많은 듯하게 만들었다.
  ～め 그 성질이나 상태가 조금 더 ～함

6 양말이 한 쪽 보이지 않아서 온 방안을 찾았다.
  片方かたほう 한 쪽

7 다음 날 아침 10시에 홋카이도를 향해 출발했다.
  翌朝よくあさ 다음 날 아침. 翌日よくじつ 다음 날

8 이것은 아이들을 위한 영화인데 어른이 봐도 재미있다.
  ～向むけ ～을 위한, ～용

9 비가 오는 탓인지 방 안이 찌는 듯이 더웠기 때문에 창문을 열었다.

10 현금을 많이 가지고 다니는 것은 위험하다.
  持もち歩あるく 가지고 다니다

PART 4 / 문맥 규정

실전 예상 문제 1

1	2	3	4	5
2	3	2	1	4
6	7	8	9	10
3	3	4	1	1

해석 및 해설

1 아버지는 병 때문에 식사가 제한되어 있다.

2 그녀는 자신의 의지로 대학을 자퇴했다.

3 전쟁을 없애고 평화를 유지하기 위한 노력을 하다.

4 그녀는 전화 응대를 잘한다.
応対おうたい 응대

5 시합 개시를 알리는 사이렌이 울렸다.

6 보다 많은 손님이 와 주시도록 서비스를 개선하기로 했다.

7 최근 일본 프로야구계에서 한국선수의 활약이 눈에 띈다.

8 그는 그 소년의 음악적 재능에 감탄했다.
感心かんしんする 감탄하다, 感心かんしんな 기특한

9 초·중등학교의 무료급식 실시에 관하여 위원회에서 토의가 이루어졌다.

10 일년을 네 개의 계절로 구분하다.
「区分くぶん 구분」은 '나누는 것'을 의미하고, 「区別くべつ 구별」은 '차이가 있어 나눔'을 말한다.
公私こうしを区別くべつする 공사를 구별하다.

실전 예상 문제 2

1	2	3	4	5
3	1	3	3	2
6	7	8	9	10
2	1	2	3	2

해석 및 해설

1 현장 경험이 없는 그가 이 일을 할 수 있을지 어떨지 의문이다.

2 교양을 높이기 위해 외국어를 공부하다.

3 상품에 결함이 있을 경우에는 착불로 반품 부탁드립니다.

4 졸업 후의 진로에 관해 진지하게 생각하고 있다.
真剣しんけんな 진지한

5 인간의 능력에는 한계가 있다.

6 그 산불의 원인은 아직 밝혀지지 않았다.

7 여동생과 교대로 방 청소를 하기로 했다.

8 그 연예인은 결혼에 즈음하여 고급 아파트를 구입했다고 한다.
高級こうきゅう 고급. 「高価こうか」는 보통 「高価こうかな時計とけい 고가의 시계」와 같이 형용사 표현으로 사용한다.

9 인터넷을 이용하여 장사를 하는 사람이 많아졌다.
商売しょうばい 장사

10 변호사는 그의 알리바이를 증명하는 증거를 제출했다.

실전 예상 문제 3

1	2	3	4	5
3	1	3	3	3
6	7	8	9	10
1	2	3	4	3

해석 및 해설

1 그는 솜씨 좋은 신발 장인으로 알려져 있다.
職人しょくにん 장인

2 갑자기 배가 아파 와 병원에 가서 진찰 받았다.

3 아이 하나를 21세까지 키우는 비용은 평균 1,300만 엔으로 추정되고 있다.

4 이것은 수입 제한 대상이 되어 있는 식품 중 하나다.

5 어렸을 적 본 영화 제목이 아무리 해도 생각이 나질 않는다.
題名だいめい 제목

6 이 기계의 장점은 잘 고장나지 않는다는 점이다.
長所ちょうしょ 장점. 短所たんしょ 단점.

7 누가 리더가 될 지는 투표로 결정하자.

8 그녀는 모든 것을 자신이 납득할 때까지 하지 않으면 성이 차지 않는 성격이다.
納得なっとくがいく '납득이 가다'

9 낮에는 일하고 밤에는 공부했다.
日中にっちゅう 낮

10 그 텔레비전은 20만 엔이라는 가격이 붙어 있었다.

실전 예상 문제 4

1	2	3	4	5
4	2	1	3	4
6	7	8	9	10
3	4	4	3	3

해석 및 해설

1 그녀는 항상 바쁘다고 말한다.
年中ねんじゅう 연간, 늘, 항상

2 뿔뿔이 흩어졌던 가족이 재회하는 그 영화의 마지막 장면이 잊혀지지 않는다.
場面ばめん 장면

3 어떤 경우에도 폭력을 휘두르는 행위는 용서될 수 없다.
暴力ぼうりょくをふるう 폭력을 휘두르다

4 자신의 능력을 충분히 발휘할 수 있는 회사에서 일하고 싶다.

5 기말 시험 전에 술 마시고 집에 돌아오자 '여유만만이구나'고 아버지가 비꼬듯이 말했다.
皮肉ひにくを言う 비꼬다

6 공사 현장에 '출입 금지'라는 표지가 있었다.
標識ひょうしき 표지, 표식

7 이 강이 두 마을의 경계가 되고 있다.

8 산은 날씨가 바뀌기 쉽기 때문에 비옷을 준비해 주세요.
天候てんこう 날씨

9 검은 고양이가 앞을 가로지르면 불행한 일이 생긴다는 이야기는 미신이다.

10 일어선 순간 아찔하고 현기증이 났다.
めまいがする 현기증이 나다

실전 예상 문제 5

1	2	3	4	5
2	4	2	2	2
6	7	8	9	10
1	1	2	3	3

해석 및 해설

1 이것은 톱니바퀴로 움직이는 기계식 시계입니다.

2 이런 짓을 한 것은 누구라고 말은 않겠지만 짐작 가는 데가 있다.

3 이 꽃을 예쁘게 피게 하려면 상당히 수고가 듭니다.
手間てまがかかる 수고·노력이 들다

4 마루를 깨끗하게 닦았기 때문에 윤이 났다.

5 이 집은 벌써 10년이나 사람이 살지 않고 있기 때문에 손질을 하지 않으면 살 수 없다.

6 그 남자는 사장의 스피치 중간에 자리를 떴다.
半なかば 반, 중순, 도중

7 아까까지 날씨가 맑았었는데 천둥이 울리며 소나기가 내렸다.
夕立ゆうだち 여름 오후에 내리는 소나기

8 한창 폭풍우가 치는 도중에 그들은 출발했다.
最中さいちゅう 한창 ~도중

9 데이트가 있는 모양으로 언니는 멋 내고 외출했다.

10 그녀는 머리를 숙여 감사의 마음을 나타냈다.

실전 예상 문제 6

1	2	3	4	5
2	2	2	1	1
6	7	8	9	10
3	2	2	2	1

해석 및 해설

1 자신들의 잘못인데도 사과하지 않는 가게의 태도에 어이가 없었다.

2 수상 순간 감격에 눈물이 흘러 넘쳐서 멈추지 않았다.

3 대학원에 진학하기 위해 일을 그만둘까 고민하고 있다.

4 리포트 마감이 임박했기 때문에 허둥지둥 제출했다.
あわてる 당황하다

5 '유리를 깬 건 너지?'라고 묻자 그 남자아이는 아무 말도 하지 않고 조그맣게 끄덕였다.
うなずく 끄덕이다, 수긍하다

6 회사를 배신하는 인간은 신용할 수 없다.

7 무언가를 얻기 위해서는 무언가를 참아야만 하는 때도 있다.
得える 얻다

8 풍요로운 자연의 은혜를 입은 이 지방에는 옛날부터 많은 화가와 시인이 찾아와 작품을 남기고 있다.
訪おとずれる 찾아오다, 방문하다

9 그는 아이가 풀장에서 빠질 뻔한 것을 구하였다.
おぼれる 물에 빠지다

10 토끼가 전선을 갉기 때문에 난로가 있는 방에는 넣지 않기로 했다.
かじる 이로 갉다, 갉아먹다

실전 예상 문제 7

1	2	3	4	5
4	4	1	3	2
6	7	8	9	10
1	3	1	1	3

해석 및 해설

1 이 방은 서재와 거실을 겸하고 있다.
かねる 겸하다

2 성과 이름 사이는 반각 스페이스로 띄어쓰기가 되어 있다.
区切くぎる 사이를 떼다, 구분하다, 일단락 짓다

3 책 표지에 담배를 입에 물고 있는 저자의 사진이 실려 있었다.

4 매화가 피기 시작하여 드디어 추위도 고비를 넘겼다.
ピークを超こえる 피크를 넘기다

5 꽃병이 쓰러져서 물이 쏟아지고 말았다.

6 이 물고기는 알을 낳기 위해 필사적으로 강을 거슬러 올라온다.
川かわをさかのぼる 강을 거슬러 올라가다

7 감독은 선수에게 뭔가 속삭이고 있었는데 주위에는 들리지 않았다.

8 긴 시간 정좌하고 있었더니 다리가 저려서 일어서지 못했다.
足あしがしびれる 발이 저리다

9 계획 도중에 문제가 발생했기 때문에 이 프로젝트는 일시 중단되어 있다.

10 그 가게에는 미용에 관한 물건은 무엇이든 갖춰져 있다.

실전 예상 문제 8

1	2	3	4	5
3	1	1	1	1
6	7	8	9	10
3	2	4	2	3

해석 및 해설

1 '과자 사 줄게'라며 속여서 아이를 데리고 간 남자가 체포되었다.

2 전직(이직)을 권유받아 대답을 주저하고 있는 사이에 기회를 잃고 말았다.
返事へんじをためらう 대답을 망설이다(주저하다)

3 맛이 싱거우면 소금을 추가해서 조절하세요.

4 그녀는 울면서 사진을 찢어서 버렸다.
千切ちぎる 손으로 잘게 찢다(뜯다)

5 아들 방이 어질러져 있어서 주의를 줬다.

6 그녀는 손님 한 사람 한 사람에게 차를 따라 주었다.

7 이 수프는 30분 정도 약한 불에서 끓여 주세요.
煮にる 끓이다, 삶다, 졸이다

8 이 길은 100미터 전방에서 고속도로와 이어져 있다.

9 출발까지 아직 시간이 있었기 때문에 공항 안을 어슬렁거리며 시간을 때웠다.
時間じかんをつぶす 시간을 때우다

10 리포트는 겨우 기한까지 완성될 것 같다.

실전 예상 문제 9

1	2	3	4	5
3	2	3	2	1
6	7	8	9	10
1	3	4	2	2

해석 및 해설

1 그의 설명은 애매해서 이해하기 어려웠다.

2 아이가 토하고 창백한 얼굴을 하고 있었기 때문에 병원에 데려갔다.
青白あおじろい 새파란

3 자기가 술을 마시지 못하니까 아내에게도 술을 마시지 못하게 하다니 정말 심술궂다.
意地悪いじわるな 심술궂은

4 여동생은 항상 대충 청소할 뿐이어서 방구석에 먼지가 쌓여 있다.
おおざっぱな 엉성한, 대충 잡아서 하는

5 산을 오르는 것은 힘들었지만, 정상에서 상쾌한 바람을 맞아 피로를 잊었다.

6 자기 혼자만 맛있는 거 먹고, 치사해!
ずるい 교활한 약삭빠른

7 주위가 시끄러워서 그의 목소리가 들리지 않았다.

8 그녀는 금방 물건을 잊거나 뭔가를 잃어버리거나 한다. 정말 덜렁대는 사람이다.

9 지루한 수업이었기 때문에 졸고 말았다.

10 어린데도 윗사람에게 존댓말도 쓰지 않고 잘난 척하다니 건방지다.

실전 예상 문제 10

1	2	3	4	5
2	3	4	2	1
6	7	8	9	10
3	3	2	1	2

해석 및 해설

1 그 소문은 엉터리니까 믿지 않는 편이 좋다.
  でたらめな 되는대로, 무책임한, 엉터리인

2 내가 자란 마을은 완만한 언덕이 이어지는, 자연이 풍성한 곳이다.

3 물이 뜨거웠기 때문에 찬물을 넣어서 미지근하게 했다.

4 아르바이트하는 곳에서 일이 느리다고 점장에게 한마디 들었다.

5 남동생은 태평한 성격이라 성적이 떨어져도 별로 낙담하지 않는다.
  のんきな 느긋한, 태평한

6 남 앞에서 그런 말을 하다니 실례가 이만저만이 아니다.
  はなはだしい 심한, 이만저만 아닌

7 대지진 후의 비참한 광경을 보고 가슴이 아팠다.

8 '구멍뚫린 청바지, 보기 흉하니까 입지마'라고 엄마한테 한소리 들었다.
  みっともない 꼴불견인, 꼴사나운

9 옆집 텔레비전 소리가 시끄러워 잠을 잘 수가 없었다.

10 옆집 아주머니는 매우 쾌활하고 수다가 많은 사람이다.
  陽気ようきな 명랑한, 밝고 쾌활한

실전 예상 문제 11

1	2	3	4	5
2	3	3	3	2
6	7	8	9	10
2	3	3	3	3

해석 및 해설

1 그 건에 관해서는 가족과 의논해서 다시 전화 드리겠습니다.
  あらためて 재차, 다시

2 남동생은 귀국하자마자 어머니가 입원해 있는 병원으로 달려갔다.

3 그녀는 성격은 둘째치고 일은 잘한다.
  ～はともかく ～은 둘째치고, ～야 어쨌든

4 병을 고치기 위해 모든 수단을 다 썼다.

5 약속 시간에 늦어서 택시를 탔는데 지하철보다 오히려 시간이 더 걸리고 말았다.

6 거리는 마치 잠든 것처럼 조용했다.
  しんと 매우 조용한 모양

7 아침부터 날씨가 흐려서 비가 올 거라고 생각했는데 과연 그대로였다.
  はたして ～とおりだ 과연 ～한 대로다

8 이와 같은 기회는 좀처럼 없으니까 놓치면 안 돼.
  めったに～ない 좀처럼 ～않다

9 수업 중에 졸다가 갑자기 질문을 받아서 깜짝 놀랐다.

10 경비원이 수상한 남자에게 질문했다. 그러자 갑자기 그 남자는 뛰어 도망쳤다.

실전 예상 문제 12

1	2	3	4	5
3	3	2	1	1
6	7	8	9	10
1	1	4	4	4

해석 및 해설

1 약속 시간이 다가왔기 때문에 그는 얼른 일을 정리하고 외출했다.

2 경기 결과를 기다리고 있는 동안 나는 심장이 두근거리고 있었다.
  どきどき 두근두근, 긴장한 모양

3 신주쿠에 있는 서점에서 옛날 친구와 딱 마주쳤다.
  ばったり 갑자기 끊기는 모양, 뚝, 뜻밖에 마주치는 모양, 딱

4 그 가수는 팬들에게도 알리지 않고 몰래 외국에서 결혼했다.

5 최근 P군은 일본어가 눈에 띄게 능숙해졌다.

6 오빠 지갑에는 늘 지폐가 빼곡히 차 있다.

7 가격을 낮춘다고 해도 기껏해야 500엔까지예요.

8 해는 잠기고 이윽고 달이 나왔다.

9 우승 축하 파티에서 선수들은 모두 거하게 즐겼다.
  大おおいに 크게, 거하게

10 보지 말라고 하면 더 보고 싶어진다.
  「よけい」는 부사로는 '더, 더욱'의 의미이고, な 형용사로는 '쓸데없는'의 의미이다.

PART 5 / 유의어

실전 예상 문제 1

1	2	3	4	5
3	1	4	1	2
6	7	8	9	10
1	3	2	4	3

해석 및 해설

1 당사의 상품에 대해 솔직한 의견과 감상을 써 주세요.
率直そっちょくな 솔직한 ㊒ 正直しょうじきな 정직한

2 공사는 다음 주 월요일을 목표로 끝내겠습니다.
目安めやす 목표, 기준 ㊒ 目標もくひょう 목표

3 그 접술가는 날카로운 눈으로 나를 노려보았다.
にらむ 노려보다, 뚫어지게 보다 ㊒ 見みつめる 응시하다, 뚫어지게 보다

4 그녀는 아들을 위해 저녁 식사를 만들었다.
こしらえる 만들다, 마련하다 ㊒ つくる 만들다

5 그녀로부터 연락이 오다니 드문 일이다.
珍めずらしい 진기한, 드문 ㊒ 稀まれな 드문

6 여러 사람 앞에서 자기 소개할 때 매우 가슴이 두근거렸다.
どきどきする 두근두근하다 ㊒ 緊張きんちょうする 긴장하다

7 나는 재즈 CD를 모으고 있습니다.
コレクションする 콜렉션하다, 모으다 ㊒ 集あつめる 모으다

8 목욕하고 산뜻한 기분으로 저녁 식사하러 나갔다.
さっぱり 산뜻이, 후련히 ㊒ すっきり 말쑥이, 산뜻이

9 이렇게 늦은 시간에 전화해서 죄송합니다.
すまない 미안하다 ㊒ もうしわけない 미안하다, 죄송하다

10 아버지는 그 일로 매우 화가 나 있는 것 같다.
頭あたまにきている 화가 나다, 흥분하다 ㊒ 怒おこっている 화가 나다

실전 예상 문제 2

1	2	3	4	5
2	1	3	3	2
6	7	8	9	10
3	2	2	1	2

해석 및 해설

1 그에게 돈을 빌려준 기억이 없습니다.
覚おぼえ 기억 ㊒ 記憶きおく 기억

2 친구와 싸움을 해 버려서 그 후로 이야기할 계기가 좀처럼 잡히지 않는다.
きっかけ 계기 ㊒ 機会きかい 기회

3 목욕할 때는 머리를 묶도록 해 주세요.
しばる 묶다 ㊒ 結むすぶ 묶다, 연결하다

4 그 나라는 급속히 공업화가 진행되는 과정에서 심각한 환경 문제가 발생하고 있다.
生しょうじる 발생하다 ㊒ 起おこる 일어나다, 발생하다

5 상쾌한 가을 공기를 즐기면서 공원을 산책했다.
さわやかな 상쾌한 ㊒ 気持きもちいい 기분 좋은

6 사고라도 있었는지 바깥이 시끄러워서 나가 보았다.
さわがしい 떠들썩하다, 시끄럽다 ㊒ うるさい 시끄럽다

7 그 이야기는 단순한 소문이기 때문에 믿어서는 안 됩니다.
単たんなる 단순한 ㊒ ただの 그저, 단순한

8 그는 때때로 나를 찾아온다.
時々ときどき 때때로, 간혹 ㊒ たまに 간혹

9 그는 또박또박 자기의견을 말했다.
はきはき 또박또박, 시원시원 ㊒ はっきり 분명히, 확실히

10 어머니가 입원해서 여행을 갈 수 없게 되었기 때문에 비행기 예약을 취소했다.
キャンセルする 캔슬하다, 취소하다 ㊒ 取とり消けす 취소하다

실전 예상 문제 3

1	2	3	4	5
4	1	2	1	2
6	7	8	9	10
4	3	1	1	3

해석 및 해설

1 유학 가 있는 친구로부터 최근 아무런 소식도 없다.
頼たより 소식 ㊒ 連絡れんらく 연락

2 공항에서 슈트케이스 내용물을 체크 받았다.
チェック 체크 ㊒ 検査けんさ 검사

3 그 소년은 눈물을 보이지 않으려고 필사적으로 참았다.
こらえる 견디다, 억제하다 ㊒ 我慢がまんする 참다

4 '자네가 말하는 건 핀트가 어긋나 있어'라고 상사에게 한마디 들었다.
ずれる 어긋나다 ㊒ 外はずれる 빗나가다

5 집에 가던 중에 우연히 친구를 만났기 때문에 함께 영화 보러 갔다.
たまたま 우연히 ㉛ 偶然ぐうぜん 우연히

6 오늘은 이사 때문에 분주한 하루였다.
あわただしい 분주하다, 황망하다 ㉛ 忙いそがしい 바쁘다

7 전차는 곧 도착합니다.
まもなく 얼마 없어, 곧 ㉛ もうすぐ 곧

8 학교 규칙은 제대로 지켜 주세요.
決きまり 규정, 규칙 ㉛ 規則きそく 규칙

9 가족과 지내는 시간을 늘리기 위해 가능한 한 집에 빨리 돌아오려고 하고 있다.
なるべく 될 수 있는 한 ㉛ できるだけ 가능한 한

10 의사 부족 상황은 개선할 필요가 있다.
改善かいぜんする 개선하다 ㉛ よくする 좋게 하다

실전 예상 문제 4

1	2	3	4	5
2	2	3	2	2
6	7	8	9	10
1	3	2	1	1

해석 및 해설

1 사소한 계산 실수를 했다.
ミス 실수 ㉛ 間違まちがい 잘못, 실수

2 이 지역은 수자원이 풍부해서 수력 발전에 적합하다.
豊富ほうふな 풍부한 ㉛ 豊ゆたかな 풍부한, 풍요로운

3 이 정장은 나에게 딱 맞는다.
ぴったり 딱 맞는 모양 ㉛ ちょうどいい 딱 좋은

4 아이가 어지르기만 하고 치우려고 하지 않아서 골치 아프다.
散ちらかす 어지르다 ㉛ 汚よごす 더럽히다

5 매우 뻔뻔한 부탁입니다만, 100만엔 정도 빌려 주실 수 없겠습니까?
あつかましい 낯 두껍다, 뻔뻔하다 ㉛ ずうずうしい 뻔뻔하다, 넉살 좋다

6 남동생은 돈 씀씀이가 깔끔하지 않아 걱정이다.
だらしない 칠칠치 못하다, 깔끔하지 못하다 ㉛ 無責任むせきにんな 무책임한

7 그는 불과 일 년 만에 승진했다.
わずか 불과, 근소함 ㉛ たった 단지, 겨우

8 그 전쟁 탓에 많은 어린이가 목숨을 잃은 것은 부인할 수 없는 사실이다.
打うち消けす 부정하다 ㉛ 否定ひていする 부정하다

9 지금 일하고 있는 회사는 늘 바빠서 쉴 틈이 없다.
年中ねんじゅう 일년내내, 늘 ㉛ いつも 늘, 항상

10 사람은 겉모습보다 속이 중요하다.
見みかけ 겉모습 ㉛ 外見がいけん 외견, 외관

실전 예상 문제 5

1	2	3	4	5
2	3	1	4	3
6	7	8	9	10
3	2	3	2	1

해석 및 해설

1 뭘 먹을지는 메뉴를 보고 나서 결정하자.
メニュー 메뉴 ㉛ 献立こんだて 메뉴

2 최근 독감이 유행하고 있어서 건강 관리에 주의가 필요하다.
はやる 유행하다 ㉛ 流行りゅうこうする 유행하다

3 여기에 있는 아이들은 각자 복잡한 가정 사정을 가지고 있다.
複雑ふくざつな 복잡한, 간단하지 않은 ㉛ 難むずかしい 어렵다, 복잡하다

4 사람의 얼굴 모습에 대해 나쁘게 말하다니 실례가 이만저만 아니다.
はなはだしい 매우 심하다. 대단하다 ㉛ ひどい 심하다, 지독하다

5 인도에서 갑자기 아이가 차도로 나왔다.
いきなり 갑자기 ㉛ 突然とつぜん 돌연

6 교통사고로 죽은 아이가 매우 안 됐다.
気きの毒どくな 불쌍한, 안 된 ㉛ かわいそうな 불쌍한

7 집은 역에서 약 500미터 지점에 있다.
およそ 대강, 개략 ㉛ 約やく 약

8 얼른 학교에 가거라. 벌써 나갈 시간이잖니?
さっさと 얼른, 빨랑빨랑, 후딱 ㉛ 무はやく 빨리

9 이 학생의 작문에는 군데군데 틀린 것이 눈에 띈다.
ところどころ 군데군데 ㉛ あちこち 여기 저기

10 그 건에 관하여 그와 나는 견해가 다르다.
見解けんかい 견해 ㉛ 考かんがえ方かた 생각

실전 예상 문제 6

1	2	3	4	5
1	2	3	4	3
6	7	8	9	10
2	2	1	2	4

해석 및 해설

1 고향의 풍경과 친구들이 그립다.
　ふるさと 고향 ㉡ 故郷こきょう 고향

2 자식이 민폐 끼쳐 드린 점을 사죄 드립니다.
　わびる 사죄하다 ㉡ 謝あやまる 사과하다

3 피겨 스케이트의 스즈키 씨, 은메달이라니 애석하군요.
　惜おしい 아깝다, 유감스럽다 ㉡ 残念ざんねんな 유감스러운, 아쉬운

4 최근 컴퓨터 속도가 느려져서 골치 아프다.
　のろい 느리다 ㉡ 遅おそい 늦다, 느리다

5 아버지의 건강은 서서히 회복되고 있다.
　徐々じょじょに 서서히 ㉡ 少しずつ 조금씩

6 그는 학생의 논문을 대강 훑어 봤다.
　ひととおり 대강, 대충, 한차례 ㉡ だいたい 대강, 대충

7 그 의원의 강연은 따분했기 때문에 자고 말았다.
　退屈たいくつな 따분한, 지루한 ㉡ つまらない 재미없다

8 참가자는 기껏해야 30명 정도일 것이다.
　せいぜい 기껏해야, 고작 ㉡ 多くても 많아도, 많아야

9 대략의 거리를 가르쳐 주세요.
　おおよそ 대강, 대체, 거의 ㉡ だいたい 대강

10 요즘 지진이 많아 무섭다.
　恐おそろしい 두렵다, 무섭다 ㉡ 怖こわい 무섭다

PART 6 　용법

실전 예상 문제 1

1	2	3	4	5
2	2	1	3	1

해석 및 해설

1 그의 이야기는 재미있지만 알맹이가 없다.
　中身なかみ 내용, 알맹이

2 그녀는 인형 수집에 열심이다.
　「熱心ねっしん」은 명사가 아니고 な형용사이므로, 熱心する, 熱心の+명사가 될 수 없다.

3 물건 잊은 것이 생각나 집에 돌아갔다.
　引ひき返かえす 되돌아가다, 철수하다

4 이 아이는 가만히 있지 않기 때문에 머리 자르는 것이 힘들다.
　じっと (몸이나 시선 등을) 움직이지 않고 있는 모양, 가만히

5 머지않아 진실을 알 수 있는 날이 오겠지요.
　そのうち 일간, 머지않아, 가까운 시일 안에

실전 예상 문제 2

1	2	3	4	5
3	4	2	3	1

해석 및 해설

1 그 신입사원은 선배한테 인사도 하지 않는다. 정말 건방지다.
　生意気なまいき 건방짐

2 그녀는 보란 듯이 금매달을 땄다. 게다가 최고 점수로.
　しかも 그 위에, 게다가

3 이 법률은 1월로 거슬러 올라가 적용된다.
　さかのぼる (흐르는 물을) 거슬러 올라가다, (과거, 근본으로) 되돌아가다

4 그들은 전쟁을 즉각 중지할 것을 호소했다.
　ただちに 즉각, 즉시

5 그녀가 우승했다고. 그거 축하할 일이다.
　めでたい 경사스럽다, 축하할 만하다

실전 예상 문제 3

1	2	3	4	5
3	4	3	4	4

해석 및 해설

1 전혀 공부를 하지 않았기 때문에 시험에 합격할 가능성은 없는 거나 마찬가지다.
   等ひとしい 똑같다, 동일하다, 일치하다

2 선생님이 열심히 가르쳐 준 덕분에 영어가 조금씩 숙달되었다.
   上達じょうたつする (학문·기술 등이) 향상되다. 동사이므로 「上達な」, 「上達に」가 될 수 없다.

3 문에 발이 끼어서 상처를 입었다.
   はさむ 끼우다

4 순간적인 방심이 사고로 연결된다.
   油断ゆだん 방심

5 이 책은 그다지 도움이 되지 않는다.
   たいして~ない 그다지 ~않다

실전 예상 문제 4

1	2	3	4	5
3	2	1	3	3

해석 및 해설

1 환자가 고통을 호소했다.
   訴うったえる 호소하다, 고소하다

2 태양이 나오자 눈이 녹기 시작했다.
   溶とける 녹다

3 이 일은 단순히 어학뿐만 아니라 전문 분야 지식도 필요하다.
   単たんに 단순히

4 6개월 만에 외국어를 마스터하는 건 무리다.
   マスターする 마스터하다. 동사이므로 「マスターだ」는 될 수 없다.

5 대학은 연구 시설을 확충하기로 했다.
   拡充かくじゅう 확충. 조직이나 시설을 넓혀 충실하게 함

실전 예상 문제 5

1	2	3	4	5
2	2	3	3	3

해석 및 해설

1 질문이 계속 이어져 회의가 길어졌다.
   長引ながびく (회의 등) 지연되다, 오래 걸리다

2 그는 핸휴대전화로 끊임없이 누군가와 얘기하고 있다.
   しきりに 자꾸만, 끊임없이, 빈번하게

3 자기 자식이지만 예쁠 때도 있고 얄미울 때도 있다.
   にくらしい 얄밉다

4 한국에서는 식기를 들고 먹는 것은 나쁜 예절로 여겨진다.
   行儀ぎょうぎ 예의범절, 행동거지의 예절

5 수도관이 녹슬었는지 붉은 물이 나왔다.
   錆さびる 녹슬다

실전 예상 문제 6

1	2	3	4	5
1	1	3	1	4

해석 및 해설

1 다행히 태풍은 남쪽으로 비껴간 듯하다.
   逸それる 비껴가다, 빗나가다, 벗어나다

2 갑자기 친구가 오기로 되어서 방을 대강 청소했다.
   ざっと 대강, 대충

3 피곤해서 컴퓨터 글자가 겹쳐 보인다
   ダブる 중복되다, 겹치다

4 그녀와 나는 같은 대학에 다니는데 신기하게도 좀처럼 만나는 일이 없다.
   不思議ふしぎな 이상한, 희한한

5 약속 시간에 겨우 맞출 수 있었다.
   なんとか 어떻게든, 그럭저럭

파이널 모의테스트 **1**회

問題1

1	2	3	4	5
1	4	2	1	1

問題2

6	7	8	9	10
3	2	4	2	2

問題3

11	12	13	14	15
3	3	1	1	3

問題4

16	17	18	19	20	21	22
2	2	1	2	2	3	2

問題5

23	24	25	26	27
3	1	2	1	4

問題6

28	29	30	31	32
4	2	3	2	1

해석

問題 1

1 아무쪼록 지혜를 빌려 주세요.

2 새로 생긴 가게 앞에 사람들이 행렬을 지었다.

3 도시 중심에 있는 광장에 사람들이 모여 이야기를 하고 있다.

4 거래처와의 술자리가 늦어져 막차를 놓치고 말았다.

5 여기에서 해안까지 평평한 길이 이어져 있다.

問題 2

6 이 병의 용적은 1리터입니다.

7 이 야채는 잘게 다져 간장을 끼얹어 먹으면 맛있습니다.

8 드레싱을 만드는 게 귀찮아서 슈퍼에서 사 왔다.

9 아기 피부는 매우 부드럽다.

10 그 섬은 바위투성이 해안이 10킬로 이상 이어져 있다.

問題 3

11 도쿄발 신오사카행 신칸센을 탔다.

12 인기 게임소프트웨어는 순식간에 품절되었다.

13 그는 20킬로미터의 마라톤 코스를 포기하지 않고 끝까지 달렸다.

14 이 상점가에는 서점이 두 군데 있다.

15 해안가 호텔에서 본 저녁 노을은 매우 아름다웠다.

問題 4

16 화재를 당했는데 다행히도 가족 전원이 무사했다.

17 대학에서 입학 허가 통지가 도착했다.

18 꽃가루가 날리는 시기에는 집 안에서 빨래를 말리는 일이 많다.

19 유통기한을 지난 빵에 곰팡이가 생겨 있었다.

20 요즘 쭉 잔업하고 있어서 몸이 힘들다.

21 슈퍼에 가는 거야? 그럼 버터도 사다 줘.

22 공항에서 옛 애인을 딱 만났다.

問題 5

23 내일은 또 날씨가 나빠진다고 한다.

24 미안한데요. 이 근처에 우체국 없습니까?

25 그 철학자의 강연은 내용이 어려워서 전혀 알 수가 없었다.

26 20년 만에 만난 동창생은 이미지가 완전히 바뀌어 있었다.

27 우리 애는 선생님 앞에서는 얌전하다.

問題 6

28 이 술은 선생님 취향에 맞지 않는다.

29 그녀와 이야기했을 때 세대 차이를 느꼈다.

30 가을이 깊어 바람이 서늘해졌다.

31 최근 너무나도 일이 바빠서 집에 돌아가면 12시가 넘는다.

32 이 계절은 항구의 풍경이 한층 더 예쁘다.

파이널 모의테스트 2회

問題1

1	2	3	4	5
4	4	1	1	1

問題2

6	7	8	9	10
1	2	3	3	2

問題3

11	12	13	14	15
3	2	4	2	3

問題4

16	17	18	19	20	21	22
1	1	4	2	1	3	2

問題5

23	24	25	26	27
2	3	3	2	2

問題6

28	29	30	31	32
4	1	1	3	2

해석

問題1

1 그녀의 전공은 인류학이라고 한다.

2 그 화가의 조부는 매우 솜씨가 좋은 목공이었다고 한다.

3 컴퓨터 동작이 느려서 메모리를 증설했다.

4 그녀는 과거 일은 일절 말하지 않았다.

5 미아가 되었는지 공원 안에서 아이가 혼자 울고 있었다.

問題2

6 이런 행복한 시간이 영원히 계속되면 좋은데.

7 이 건물은 복잡한 구조를 하고 있다.

8 최근 매일 일에 쫓기고 있어 '시간 없어'가 입버릇이 되고 말았다.

9 해는 지고 주위가 어두워졌다.

10 지금은 담당자가 없어서 자세한 설명은 해 드릴 수 없습니다.

問題3

11 공원에 앉아 있는 할아버지를 보고 돌아가신 아버지를 생각했다.

12 전화 매너에 대해 앙케트 조사를 했더니 매우 흥미로운 결과가 나왔다.

13 그 신약 사용에 관해서는 부작용이 염려되는 사람이 많은 듯하다.

14 T사의 사장은 미국 의회에서 일본식 사죄를 했다.

15 회사를 그만두고 대학원에 진학하겠다고 하는 이야기는 부모님에게 말하기 어렵다.

問題4

16 건강은 아름다움의 중요한 요소 중 하나이다.

17 버스가 도착하면 행선지를 확인하고 순서를 지켜 승차하세요.

18 산꼭대기에서 바라본 빨간 단풍은 눈이 확 트이는 아름다움이었다.

19 장마가 걷히고 차츰 더워졌다.

20 이 만 엔짜리 지폐를 잔돈으로 바꿔 주시지 않겠습니까?

21 그는 비 오는 날도 바람 부는 날도 자전거 페달을 밟아 회사에 온다.

22 연락 없이 남의 집을 방문하는 것은 에티켓에 어긋난다.

問題5

23 부디 화재가 발생하지 않도록 조심해 주세요.

24 온종일 계속 서서 일했더니 녹초가 되고 말았다.

25 아들은 대학에 입학하고 나서 사람이 바뀐 것처럼 진지하게 공부하고 있다.

26 이 팀은 훌륭한 선수가 많이 있어 믿음직스럽네요.

27 올 수 없다면 적어도 전화 정도는 해 주면 좋을 텐데.

問題6

28 조금 걸었더니 카페와 가게가 늘고 이윽고 큰길이 나왔다.

29 양국의 친선이 이 모임의 목적이다.

30 이 작업은 시간과 노력이 든다.

31 길이 붐빌 때는 버스를 타기보다 오히려 걷는 편이 빠르다.

32 매일 같은 메뉴에 질렸다. 다른 게 먹고 싶다.

파이널 모의테스트 ③회

問題1

1	2	3	4	5
3	3	2	1	2

問題2

6	7	8	9	10
4	3	4	3	4

問題3

11	12	13	14	15
1	1	3	3	1

問題4

16	17	18	19	20	21	22
4	4	1	3	1	2	2

問題5

23	24	25	26	27
2	3	2	1	3

問題6

28	29	30	31	32
2	1	4	3	2

해석

問題1

1 다음달 시험이 있기 때문에 지금은 시험 공부에 집중하려고 한다.

2 인명과 도표에 틀린 곳은 없는지 확인하세요.

3 하늘을 올려다보니 가까운 빌딩 위에 초승달이 걸려 있었다.

4 섬나라인 일본은 사방이 바다로 둘러싸여 있다.

5 상사에게 호되게 야단 맞아서 비참한 기분이 되었다.

問題2

6 클래스에서 쓴 작문을 모아 편집해서 문집으로 만들었다.

7 그건 아직 쓸 수 있는 거니까 버리지 마세요.

8 달빛이 호수 주변을 비추고 있다.

9 오랜만에 가족 모두 모여 유쾌한 한때를 보냈다.

10 두 번 다시 이와 같은 경험은 하고 싶지 않다.

問題3

11 그 강아지를 '타로'라고 이름 지었다.

12 그녀는 전직 아나운서이기 때문에 발음이 깨끗하다.

13 복싱의 즐거움을 겨우 알기 시작할 즈음에 팔을 다치고 말았다.

14 그 사장의 사죄의 말에는 무게가 느껴지지 않았다.

15 그 요리 교실, 견학과 체험이 가능한지 어떤지 전화로 물어보자.

問題4

16 습도가 높아서 빨래가 마르지 않는다.

17 그녀의 책상 위에는 다정하게 웃고 있는 할머니의 사진이 놓여있다.

18 그가 얘기를 시작하면 항상 길고 장황해진다.

19 서클의 멤버는 각각 다른 생각을 가지고 있었다.

20 일본에 유학 가서 공부하면서 꿈과 현실의 차이를 절실히 느꼈다.

21 A : 실례합니다. B : 예, 누구세요?

22 11시가 되자 그는 가게 셔터를 내리고 돌아갔다.

問題5

23 자세한 것은 담당자에게 문의하세요.

24 원피스에 그 구두는 밸런스가 맞지 않는다.

25 딸은 성격이 명랑해서 클래스에서 인기가 있다.

26 목표로 하던 자격시험에 마침내 합격했다.

27 그 소문은 순식간에 교내에 퍼졌다.

問題6

28 올겨울 추위는 각별했다.

29 아이 앞에서 싸우는 것은 보기 흉하니까 그만두세요.

30 느슨해진 구두 끈을 다시 맸다.

31 그 제안을 받아들일 것인지 그렇지 않으면 거절해야 할지 모르겠다.

32 하마터면 버스 타는데 늦을 뻔했다.